湛庐文化 Cheers Publishing —— a mindstyle business 与思想有关

音爆

SONIC BOOM
how sound transforms the
way we think, feel, and buy

[美] 乔尔·贝克曼（Joel Beckerman）
泰勒·格雷（Tyler Gray） ◎著

郭 雪 ◎译

音乐大师与广告狂人的综合体

乔尔·贝克曼

Sonic Boom

Joel Beckerman

MADE MUSIC

将恐怖片变成搞笑片的音乐魔法师

■ 说起乔尔·贝克曼与音乐的缘分,要追溯到他7岁的时候。当时,一位钢琴演奏家访问了他所在的小学。贝克曼被美妙的音乐声打动,恳求父母为他报了钢琴课,开始了学习音乐的历程。11岁时,他在看电影的时候意识到,声音与音乐拥有强大的力量,能够塑造、定义、甚至改变一种情

当时,贝克曼想向弟弟证明,他能够坚持看完恐怖电影《驱魔人》——这部电影曾被影迷评选为影史上最恐怖的电影,据说在初期放映时曾把观众吓晕。为了对抗那种恐惧,他想到用声音来激发自己内心的勇敢。所以,在电影播放的过程中,贝克曼调低了音量,用自行创作的风琴旋律为屏幕上

Joel Beckerman
boom moments

20世纪90年代，小时候玩的音乐游戏变成了贝克曼的职业。他成为一名制作人，为词曲作者录制样本唱片。白天，他在曼哈顿中城西区SOJ工作室工作，从事演奏、制作、编曲和录音。在此其间，他录制了近200首歌曲，学会了音乐制作的真正手艺。晚上，贝克曼则转战HSR工作室担任夜间经理——那里有大量电视现场配乐和录音。在那里，他了解到如何利用声音，在听众脑海中创造出那些让人完全身临其境的景象。

打造音乐行业"最具创造力"的公司

■ 1998年，贝克曼创建人造音乐公司（Man Made Music）。这家公司吸引了一批独具才华的编曲家、编剧、制片人、音乐人、夜店DJ、音响设计师、音乐监制、录音工程师，之后又引入了品牌策划师以及用户体验设计师、程序员、音乐学家、品牌合作专家。这些人聚集在一起，将声音所讲述的伟大故事推向了令人兴奋的新高度。

他们擅长利用声音的力量讲述品牌的独特故事。通过声音艺术，他们将玩具、鞋子、小工具、游戏转化成了有意义的法宝、生活方式宣言——毕竟，品牌希望如同好莱坞那样讲述故事，而好莱坞也希望品牌支持自己的业务。通过战略性部署，声音能够成为品牌强有力的工具，这些组织和个人竭尽全力，以求创造出能够与受众交互的真正体验。

贝克曼和他的公司为很多全球商业巨头开发了独特的声音品牌，包括迪士尼、梅塞德斯－奔驰、美国电话电报公司、西南航空公司等。因为在这一领域的卓越表现，人造音乐公司入选为《快公司》评选的音乐行业"最具创造力公司"，贝克曼也入选为《快公司》评选的"最具创意人物"。

boom moments

Joel Beckerman

十次蝉联 ASCAP "最佳主题表现奖"

■ 乔尔·贝克曼如今已是全球顶尖作曲家及电视制片人，*Details* 杂志盛赞他集音乐大师菲利普·格拉斯(Philip Glass)和广告狂人唐·德雷柏(Don Draper)的特质于一身。他曾为50多个电视节目创作过配乐，十次蝉联美国作曲家、作家与出版商协会(American Society of Composers, Authors and Publishers, ASCAP)颁发的"最佳主题表现奖"。

在工作过程中，贝克曼也与很多大牌明星建立了良好的合作关系，包括美国新灵魂乐歌手约翰·传奇(John Legend)、著名音乐制作人威廉·詹姆斯·小亚当斯(Will. I. Am)、另类搞怪乐队OK Go、奥斯卡最佳男配角摩根·弗里曼(Morgan Freeman)以及好莱坞电影配乐大师约翰·威廉姆斯(John Williams)等。

作者演讲洽谈，请联系
speech@cheerspublishing.com

更多相关资讯，请关注

湛庐文化微信订阅号

乔尔·贝克曼与新灵魂乐之王约翰·传奇合作

声音的连接,你所听到的超级IP

吴声

场景实验室创始人

《场景革命》《超级IP》作者

正确的声音已成为我们生活的重要组成部分,商场打烊音乐、飞机落地声、iPhone开机音、超级碗、厨房冰箱的开合声、汽车引擎的发动,声音塑造了我们生活的仪式感,也伟大而隐秘地确认了生存意义。喜欢《权力的游戏》,无论多少季,每集的片头都让人充满期待,心旌摇曳,甚至HBO的雪花声都形成了更具温度感的连接。**好的声音解决方案与内容、用户体验、场景痛点无缝衔接,会加深品牌印记,形成消费者指引,直至价值观的追随与身份认同。**

苹果和英特尔深谙此道,在高频的开关机机械动作里,苹果以C大调和弦的竹笛启动声效让一代人的数码身份借此识别,英特尔的广告音乐更是多少人工作的梦魇或狂喜。我们对诺基亚的唏嘘在于，如果有一天卷土重来，会不会是熟悉的诺基亚铃声复活？在一个专注于智能设备赋能的场景，没有什么比标志性的声音更能形成条件反射或识别能力的超级符号。读乔尔·贝克曼的《音爆》，我们看到迪士尼、AT&T、福特野马、奔驰、苹果的故事体系是如何凭借独特的声音叙事来丰满和建构的。正确的声音代表了人格伴随，所以喜马拉雅的付费音频成就米未传媒的《好好说话》，罗辑思维得到音频APP成就《李翔商业内参》，《大唐雷音寺》让梁宏达在互联网上的脱口秀持续引爆，而在硅谷听罗辑思维视频已成为绝大多数华人开车族的优选项。

本质上，声音代表唤醒与尊重。耳机族心领神会的"单曲循环"就是这样的一种场景关系，一首歌打动我们柔软的内心，单曲就会成为超级IP，成为特定人群的连接符号。在哔哩哔哩动画（bilibili），每个被反复同人化创作的经典视频同样伴随着标志性的声音复刻——无论是日本动漫《在下坂本》的励志片头，还是四大MC的熟悉画风；所以声音的弹幕极有可能成为新的品类，如同鬼畜成为年轻的解构语言一样。声音的维度被极大拓展，在意义经济的消费语境下，单独成为重要的付费机制，这是QQ音乐首度盈利的重要前提。对于音乐场景化的需求，催生FIIL耳机全场景的适配，音乐人汪峰和团队以人为中心的洞察能力，结合智能技术的迭代，将有机会重新定义人与声音的连接。

在贝克曼的叙述里，我们能感受到为什么声音是品牌人格的重要组成部分，为什么好的声音能够凭借超强的可辨识度形成独特的内容力。**当声音作为场景的重要元素被赋能与感知时，对消费者的影响力权重其实是被不断放大的。自然，声音的设计应该成为应用场景设计的核心范畴。**这就是《部落冲突：皇室战争》游戏研发为什么那么重视音效设计的原因，这也是《愤怒的小鸟》风靡全球的动力所在。不仅游戏和影视动漫，现实的空间也越来越依赖声音解决方案提升自身的品牌调性，体验式商业Mall和各种类型品牌零售门店的运营手法越发娴熟。在与网络零售的竞争中，如果没有"声音"，很难想象实体零售会不会加速穷途末路。怎样促进用户的购买转化？奢侈品专卖店的轻柔音乐以"慢场景"洗脑，Hollister和Diesel则以朋克或爵士暗示"酷场景"，冰淇淋店和十元店的活泼让你觉得这是一个"很快的场景"。好的声音设计与翻译会传达对的情绪，让用户觉得自己应该买下打动自己的美好之物。如果徜徉于淘宝的"一千零一夜"，你对鲅鱼水饺的下单，是深夜食堂般的治愈感——这种冲动，在晚十点的流量高峰，视频的声音温度堪称画龙点睛的临门一脚。

通过本书的深入解读，你会理解声音作为场景的一部分，是如何影响品牌与用户的连接，进而成为品牌最重要的组成部分的。然而《音爆》在今天的启发绝不止于此。声音作为HI，固然能形成对传统品牌符号识别体系VI、MI、BI的重要补充，但基于碎片化的传播与商业生态，声音更加能够成为效率更高的连接工具，进而完成内容的识别和IP的建构。这也从另外一个侧面印证了，这一轮认知升级和内容创业的大潮中为何音频能够全面脱颖而出。初音未来和洛天依之所以风靡，是因为声音形成的人格嵌入，没人在意这样的虚拟IP是否虚假，有声音，就意味着真实。因为，声音标示着人格、信用和信誉。今天我们基于品牌、知识的付费正更大程度演化为基于人格的消费。所以，我们在说的直播意味着什么？声音、颜值、社交网络的综合表现才会成就新网红的崛起。

声音技术的升级与互联网应用形态的更新庶几同步，从VR直播到人工智能应用，从Spotify到Beats Music，从唯品会特卖提示到上海迪士尼乐园，声音始终是设计的关键点。贝克曼的洞察给予了声音设计的重要法则指引，尤为重要的是，应对大规模个体化姿态的崛起，作者以"打造属于你的音爆时刻"为专章，详述了个人声音解决方案的必要性——你是否想起高德导航与林志玲及郭德纲的合作？你怎么识别那些喜欢的声音？你是否听到了自己的声音？没有天籁，只有属于你自己的音爆时刻。

SONIC BOOM 推荐序二

声音标识，企业的音爆时刻

俞雷
金立集团副总裁

音乐是所有体验中最强大的触发器，没有什么能像音乐一样，能唤起如此强烈的情感。

《音爆》这本书让我想起去年冬季我们做的一个案例。当时金立M5 Plus手机上市，我们用一首重新演绎的《海阔天空》，唤起了几千万人对Beyond乐队的记忆，并且用金句"你的信念，海阔天空；我的人生，超级续航"将歌曲与产品串了起来。金立M5 Plus手机"海阔天空"发布会，也因为借助这首歌，成为了一时之经典。

这让我第一次审视音乐对市场营销的重要性。作为品牌公司，我们毫无疑问地重视视觉、广告画面对品牌的影响，并且精益求精，但存在于空间中的音乐，由于它触摸不到，非常容易被忽视。通常我对广告配乐的要求并不高，总认为故事逻辑合理、视觉完美，其他都不是问题，直到我看到《音爆》这本书。

声音在一定程度上抒发着一个品牌的人文精神，在营销新时代，品牌形象的要义在于引起品牌与消费者之间的共鸣，而声音，显然要比视觉更容易产生共鸣。音乐比语言出现的时间更早，原始人以敲打石器、木器来表达喜悦之情；还有劳作时喊的号子、相互间传递信息时的呼喊，这种音乐的原始起源，使得对声音的共鸣根植于人类的潜意识之中。而品牌的声音或音乐，则在不知不觉中对人类的潜意识进行了挖掘，使得品牌的人文精神传递给了消费者。

在拍摄金立M5 Plus《海阔天空》这条视频的时候，我们花了很大的精力，用CG技术还原了黄家驹的形象，使"他"在二十多年后和他的弟弟家强"重聚"，但消费者看不到的是，我们还花了更多的精力还原黄家驹的声音，让他能重新唱响《海阔天空》。无数人从这首歌中，回忆起自己"不羁放纵爱自由"的年轻岁月，回忆起"当天我，寒夜里看雪飘过"的心路历程。

然而，在声音上偶尔为之的突破，还远不是一种战略。**《音爆》很系统地阐述了声音作为一种品牌战略的重要性：最有效的声音策略，都以宏大的故事开篇，之后，你不断提炼，直到抓住故事的灵魂。这种灵魂能适应时代的变迁，配合各种各样的情绪。**事实上，对品牌而言，声音标志的重要性应该提升到和视觉标志一样的高度。如此说来,我们大多数公司都缺乏这另一半的声音标志,缺乏一个关键的"音爆时刻"。

每一位从事营销的人员都应该认真阅读《音爆:声音的场景的影响力》,系统地学习与思考如何利用声音为自己的事业、生意或者个人品牌服务。

让我们一起来感受声音的力量!

SONIC BOOM 中文版序

重新认识声音

我们生命中的每时每刻都有音乐和声音的伴奏,无论你是否曾注意或感受到它们的存在。每个声音都可能会唤醒一段记忆,引发一连串强烈的情绪反应,甚至可能在一瞬间就左右我们的选择,改变我们的情绪。

迪士尼公司就是使用声音定义体验、交流情感的大师。不久前热映的影片《疯狂动物城》(*Zootopia*)就对声音的力量做出了最好的诠释。《疯狂动物城》中,歌手夏奇拉一曲《尝试一切》(*Try Everything*),成了贯穿整个电影的关键情感线索。我们第一次听到这首歌时,影片主角小兔子朱迪选择离开自己的安乐窝,出发前往梦想已久的大城市"动物城"。朱迪与家人及自己唯一见过的世界做了一段引人泪下的告别后(好吧,至少我是流泪了),火车沿着轨道奔驰向前,镜头也逐渐带出了动物城的全景。音乐的脉动、有节奏的鼓点、不断增强的吉他声，让观众们不由自主地想要更进一步去感受，就好像我们也正在被带入那个全新的世界一样。夏奇拉那独具特色的高扬嗓音，为影片添加了丰富的色彩，也突出了朱迪眼中所看到的动物城那神秘的异域情调。动物城的音轨，立刻与朱迪的理想以及对未来的渴望交流了起来。

影片结尾，主题曲《尝试一切》再度响起，唱响了整个团结的动物城的主题，在这里，食肉动物和食草动物能够和谐共存。这段音乐的出现，重申了在歌曲首次出现时所表达出的兔朱迪的核心信仰和价值观。歌词同样也展现出了强有力的正能量，完美地升华了朱迪的旅程："不，我不会放弃，我只想竭尽全力，即便我注定失败，我也想要竭尽全力"。就像声音标识能够传达品牌的故事一样，主题曲《尝试一切》也正是《疯狂动物城》的声音标识，它用乐声和歌声的美妙融合，带来了一种包容与关爱的正能量。

实际上，只要愿意多费些心思去精心挑选音乐和声音，我们就有着大把的机会去营造出自己想要的体验。不过令人遗憾的是，每天无数让声音与体验擦出火花的机会，都被人们白白地浪费了。

想想看，如果某手机品牌能够量身定制一套独特的声音标识系统，并将之用于自家的移动设备上，让更多潜在用户能够在琳琅满目的手机市场中快速识别出来；如果有一种代表"创新"的声音，能够融入中国企业的新产品、服务和体验之中，并为他们营造出更高的可信度和可用性；如果中国的康复机构，能够在医疗环境中选择借用声音的力量来减轻患者伤痛，从而更有效地完成治疗；如果通过细心周到的声景选择，我们能够找到更多提升城市宜居性的机会……那么，在本书接下来的内容中，你会一点点邂逅这些机遇，会明白哪些声音品牌的尝试卓有成效，哪些是无用功；哪些会引人入胜，而哪些又会令人生厌。

当得知这本书将在中国出版的时候，我真是无比欣喜。这不仅是因为我的文字将会和广大的新读者们见面，也是因为会有更多人以中国的视角，来扩展这种思维的独特潜力。其实，想要挖掘声音和音乐的潜在力量，中国读者有着很多得天独厚的隐藏机遇。因为在这里，你们拥有具备全球影响力的企业，也拥有独特、全面的音乐文化史。纵观中国历史，音乐和声音一直有着举足轻重的地位，它们的力量被不断探索、传颂。音乐是中国人平日生活或者讲述故事时一个必不可缺的元素——这是一个贯穿艺术、神话、文化，并且不断发展的传统。在中国，音乐并不是简简单单的娱乐消遣，它更是一种为人尊崇的力量，它代表并影响着自然元素之间的调和与和谐。

从周朝标志性的传统典礼仪式"雅乐"，到源于"国乐"又青出于蓝的新型中国乐团，再到现如今爆发式发展的现代音乐节——Intro、迷笛等等。自古至今，中国一直将音乐视作发展、增长、改革的驱动力量。本书则会向你展示更多新的工具和技术，帮助你在已有的丰富传统的基础之上，应用更多全新的设计理念，来为自己的生活或者生意配好背景音。

在中国最深谙声音品牌推广之道的也许非中央电视台莫属。央视旗下共有超过45个频道，每天会有成千上万的节目播放给10亿多观众。央视巧妙地利用不同的开场主题音乐来区分每一档节目。随着节目的播出，这些音乐也逐渐变得为人熟知并且引起了观众的关注。在央视网站中的常见问题解答版块，网友们关于配乐名称和来源的问题竟然也占据了一席之地。这些被人们津津乐道的主题音乐包括CCTV-9《新闻一小时》以及《全球天气预报》的配乐《月光下的凤尾竹》《茉莉花》等等。观众们在听到这些音乐时，头脑中就会立刻识别出它们各自所代表的节目，并且对这些判断深信不疑。

2008年北京奥运会的开幕式，央视的收视量达到了惊人的8.4亿人次。相比之下，美国同等水平的NBC广播公司，仅获得了2 900万次观看。如此之多的观众，如此之高的收视率以及节目综合性，我们也就不难理解，为什么中央电视台会选择使用标志性的主题音乐来区分不同的内容，并以此增强观众对每个节目的熟悉感和信任度。

作为声音领域的传播者，我和我的公司"人造音乐"（Man Made Music）一直希望能够帮助企业挖掘出声音的力量。我们曾有幸为IMAX定制品牌声音的解决方案，这其中就包括观众在每场电影开场前听到的倒计时音频，它会提醒广大观众，自己正置身最佳的影院之中。IMAX的《纯粹体验》（Pure Experience）主题曲，构建出了一个独特的声音签名，让聆听者仿佛能够感受到观看IMAX电影那种"纯粹的体验"——在这里，在超一流影院技术所营造出的沉浸式环境之中，观众们能听到"最高昂的高音,也不会错过最低沉的低音"。创造这个声音标识的过程中,我们邀请了150人大型交响乐团和75人合唱团合作进行录制,把他们美妙的声音凝结成了一个激动人心的史诗般的乐曲,从而营造出了一种"期待"的情绪,启动观众前所未有的观影体验。

IMAX的倒计时音乐每年会出现在65个国家约140万块屏幕上,会出现在电影院或博物馆的公映之中。除此之外,我们还创造了7种电影体裁的MicroCatalogue音轨,利用同一个独特的声音签名,帮助IMAX品牌在更广阔的故事和电影中,与观众产生联系。

我深切希望,这本书能够让中国的读者们对声音产生新的认识,并激发你们去寻找、挖掘更多隐藏在身边的机会,运用声音来提升个人生活、集体及商业活动的体验。声音和音乐的力量,是感知的力量——是一种能够改善人们的生活,并创造更好的体验、信任的力量。

扫码关注"庐客汇",回复"音爆",
开启一场声音的旅程。

目录

推荐序一　声音的连接，你所听到的超级 IP / I

> 吴声
> 场景实验室创始人
> 《场景革命》《超级 IP》作者

推荐序二　声音标识，企业的音爆时刻 / V

> 俞雷
> 金立集团副总裁

中文版序　重新认识声音 / IX

前言　用一种全新的方式聆听世界 / 001
当你的世界没有声音

> " 对声音的反应，是人类心理的核心所在。这对于我们的人性以及日常体验来说都是必不可少的。它构建了生活的每时每刻，塑造着我们的情绪、喜好以及个人、集体的历史，并能触发回忆，引起强烈的情感反应，建立情感联系。而这一切都是无形的。 "

- 恐怖还是搞笑，声音说了算
- 释放声音的影响力

第一部分　**场景里的声音** / 021

01　耳朵的夜视仪 / 023
听到声音中的风景

> 远在声音激活理性头脑之前，它就已经明显地体现出了我们的现实。声音帮助我们分辨来者是朋友还是敌人，危险或是喜悦，开心还是绝望。它是我们伸出手，与我们的世界及其他人联系时，最本能也是最强大的方式。

- 听到的风景
- 声音里的 DNA
- 消失的声音
- 你现在能听到我的声音吗

02　音爆时刻 / 049
正确时刻的正确声音

> 出现在正确时刻的正确声音，能够讲述一个情节丰富的故事。即便你并没有意识到，声音却会触发记忆和情感，让你在一瞬间有所觉。

- 声音超越声音本身
- 冰激凌车的音乐与耳朵虫
- 缺失的声音，不完整的体验
- 声音，产品的调味剂

03　声音里的场景 / 075
用耳朵找线索

> 在各种各样的互动中，我们收集着来自人或事物的声音输入，这些输入过程会远早于我们形成对外表的感觉。从细碎的声音中获得的信息，会与它带给我们的感觉，以及它让我们回想起的经历融合在一起。

- 善用有意义的，放弃无意义的
- 当声音与食物相遇
- 超市里的雷鸣声

第二部分　释放声音的场景影响力 / 099

04　6大原则 / 101
将声音的场景影响力最大化

> 声音品牌化原则将为你打通走向各种声音可能性的道路。当你已经了解所有能做的事情，以及在哪里可能出现问题的时候，你就可以放手去开发属于你自己的声音——为你的品牌、信息或你自己，打造独一无二的声音。

- 原则1，受众喜欢不等于品牌适用
- 原则2，你的声音要讲述你的故事
- 原则3，在背景里要加点合适的声音
- 原则4，声音触发器让耳朵大吃一惊
- 原则5，创造"寂静"，用无声代替有声
- 原则6，向声音垃圾说"不"
- 避开声音品牌化的6大陷阱

05　为品牌写一首颂歌 / 139
AT&T的音爆时刻

> 声音能在原本无声的时刻讲述故事，并为品牌带来自己的努力应得的认可。它能够在一定程度上，让你感觉到一家身价数十亿美元的跨国公司的人文情怀。

- 从声音感受品牌
- "听起来很酷"还不够

♪ 声音不同，情绪就不同
♪ 声音不能让谎言成真
♪ AT&T 的音爆时刻

06 用声音寻找归属感 / 163
Univision 的音爆时刻

> 音乐通常是表达同种信仰、思想、精神的工具。无论是基于民族、文化革命、摇滚乐队或是计算机操作系统，与志同道合的人之间的联系，都能够帮助我们定义自己在世界中的身份和归属。而当这种联系以颂歌的形式表达出来，令人惊奇的事情便会发生。

♪ 语言引发争议，声音让人团结
♪ 在世界上生存的力量
♪ Univision 的音爆时刻

07 将比赛变成一部大片 / 187
超级碗的音爆时刻

> 声音是最强大的情感引擎。它能够揭开体验的序幕，让你注意到之后将要看到的或互动的东西。它能够与服饰颜色、环境装饰浑然一体。

♪ 如果电影没有配乐
♪ 用音乐致敬新一代观众
♪ 声音让不同场景融为一体
♪ 超级碗的音爆时刻

第三部分　**打造个人的音爆时刻** / 211

08　转换场景 / 213
设计专属的声音体验

一旦你开始有意识地思考声景，尝试微调你对这些声音的认识，你就可以让这些无意识的事物变得有意识。你还可以为自己和他人设计专属的声音体验。

- 生活中的声景
- 办公室的生产力噪声
- 用声音讲述你的故事
- 用声音治愈你的伤痛
- 用声音提升你的状态

结语　**场景的未来** / 237
一个更动听的世界

只要有意愿去研究身边的各种声音，商业、活动、事业和个人都可以凭借声音有所作为，因为大多数技术已经为人所知。一旦他们做到了，就可以创造出一个更动听的未来。

- 场景中的声音与场景中的人
- 声音让生活更简单
- 数据声音化与声化 DNA
- 专属声音的未来

译者后记 / 253

你不是一个人在读书!
扫码进入湛庐"商业新思维"读者群,
与小伙伴同读共进!

SONIC BOOM

前言
用一种全新的方式聆听世界
当你的世界没有声音

> 对声音的反应，是人类心理的核心所在。这对于我们的人性以及日常体验来说都是必不可少的。它构建了生活的每时每刻，塑造着我们的情绪、喜好以及个人、集体的历史，并能触发回忆，引起强烈的情感反应，建立情感联系。而这一切都是无形的。

how sound transforms the way
we think, feel, and buy

扫码开启本章视频

想象你刚刚走进一家颇受欢迎的美式休闲餐厅（虽然在之后的章节我将会揭晓店名，不过也许很快你自己也能找到谜底），拉开餐厅大门的一瞬间，一阵洋葱香气扑面而来，墙壁上西部主题的装饰映入眼帘。走到座位上，你的目光又会被那色彩明快的菜单吸引——上面印着各种特色冷饮以及美味甜点的图片和名字。

　　接下来就到了关键部分。

　　你开始浏览菜单，没过多久，就听到背后紧闭的门内传来了阵阵"嘶嘶"声。而当那扇门被打开时，后厨的"嘶嘶"声瞬间又化作了响亮的"嗞嗞"声。这声音穿过萦绕在头顶上方的音乐，穿过周围聊天、大笑的人们所发出的白噪声，穿过觥筹交错，也穿过了酒保手中调酒器里冰块撞击杯壁的声响。这声音来得意外，你不禁转过了脑袋。它在桌子周围冲冲撞撞，似乎在宣告这里正有事情发生。这算得上是某种焦虑吧。到现在为止，你已完全被这个声音吸引，集中注意力追踪它的来源。这时，你看到了蒸汽和油烟，这让你重新注意到，其实炸洋葱的香味已经充满了整个餐厅。

你不知道盘子里究竟有哪种香料或哪种肉（如果有的话），不过嘴巴里却早已满是口水，似乎还没动餐具，就已经尝到了菜品的味道。你很好奇，而这种好奇又点燃了渴望。菜单已被抛诸脑后，你的心里早已对这道菜大快朵颐了。

菲希塔铁板烧（Sizzling Fajitas，墨西哥风味铁板卷饼）的背后就蕴藏着这种强大的声音力量。在每次去吃菲希塔铁板烧时，听觉输入总是最先到达。它会唤起兴奋、愉悦、期待的感觉，召集并加强其他感官的连锁反应——视觉、嗅觉，最终是味觉。这声音让你在一瞬间就感受到了一个故事——一道为你特意准备的热气腾腾、牛仔气十足的新鲜墨西哥菜品。如果在看菜单的时候听到声音，这"嗞嗞"的铁板烧声音定能左右你的选择。假若你不巧已经点了其他菜品，那么听到这声音也会顿感后悔。这道嗞嗞作响的菜肴被服务员端上桌，即使在香味淡去很久之后，你仍然能够感觉到这种难忘的体验。

BOOM *Moment*
音爆时刻

在每次去吃菲希塔铁板烧时，听觉输入总是最先到达。这声音让你在一瞬间就感受到了一个故事——一道为你特意准备的热气腾腾、牛仔气十足的新鲜墨西哥菜品。

对于企业来说，菲希塔铁板烧的声音也是一种强大的工具。在撰写本书时，我问身边的人们，当提到菲希塔铁板烧时，最先会想到哪一家连锁餐厅，而几乎所有人都提到了同一个地方。你心中的答案也可

噪 声
在一定环境中不应有而有的声音。从物理学角度来看是发声体做无规则振动时发出的声音。

白噪声
指一段声音中的频率分量的功率在整个可听范围（0～20 000HZ）内都是均匀的，可以辅助治疗一些神经系统方面的疾病。

能与他们不谋而合（若还是不确定它究竟是哪家，本书第 2 章的开头就会揭晓）。

对声音的反应，实际上也是人类心理的核心所在，这对于我们的人性以及日常体验来说都是必不可少的。它构建了生活的每时每刻，塑造着我们的情绪、喜好以及个人、集体的历史，并能触发回忆，引起强烈的情感反应，建立情感联系。而这一切都是无形的。

- 想象母亲哼唱的摇篮曲——有没有立即感觉到一丝安慰、放松，甚至是些许困倦？
- 回想大婚那天跳第一支舞时现场播放的背景音乐——它是不是仍能瞬间就带你回到那种快乐的感觉？
- 想象人头攒动的体育场内那震耳欲聋的轰鸣、呐喊，你的心跳是不是瞬间提速？
- 当你听到《碟中谍》《星球大战》《海绵宝宝》的主题曲时会有什么感觉？听到《辛普森一家》的主题曲时又是怎样的感觉？ 02-05
- 当听到冰激凌车叮叮当当的音乐声时，你会有怎样的感觉？这会不会让你仿佛置身炎热的夏季，或是感觉到了水果奶油冰激凌给舌尖带来的凉意？再或者它会带你回到曾经在市郊度过的那段童年时光。你听到那音乐声，尽管微弱，但一种焦虑的思绪却油然而生，它意味着向妈妈爸爸讨要零钱，然后冲出门，在冰激凌车开走前赶到，

买到自己喜爱的冰糕。声音激发了所有这一切与视觉、温度、口味有关的记忆与情感。◀06

想象你走进了一家星巴克，在咖啡香气扑面而来之前，你很有可能是先听到了牛奶加热器的"嘶嘶"声，或是咖啡机丢弃残渣、吸入新豆时的"邦邦"声，还有便利店内播放的那种别具特色的"星巴克风"音乐。大脑会将所有这些声音匹配成你所熟悉的模式（也就是声音形式的记忆和期待），然后把它们与视觉、味觉相交融，创造出一种多感官的反应。不过这一连串的工作都是由声音完成的，整个过程你可能浑然不知。倘若必须有意识地来思考这一切，那么不管你一大早是否给自己灌进了一大杯拿铁，九点钟走到办公桌前时，绝对会疲惫不堪。

将体验转化为回忆的过程中，声音能够给予很大的帮助。而日后助你找回这些记忆的，也仅仅是几个正确的音符。

- 你是否曾疑惑，即便费上很大的力气，自己也很难全数记住历代美国总统的名字，但是对一项法案成为法律的过程，却能轻松哼唱而出？"我只是一项法案……"（I'm just a bill…）① ◀07
- 为什么你可能说不全美国 50 个州的首府，却能哼唱出 Oscar Mayer（卡夫旗下食品品牌）那首热狗肠广告里脍炙人口的一段旋律？ ◀08

---

① 出自摇滚歌曲《我只是一项法案》（I'm Just A Bill），由戴夫·弗里希伯格（Dave Frishberg）于 20 世纪 50 年代创作，为了帮助美国孩子了解法案是如何变成法律的。——译者注

● 为什么背诵英文字母表的时候，那首《ABC 字母歌》的曲调总是在脑海中挥之不去，至少 L-M-N-O-P 的韵律一直在脑袋里萦绕？ 09

在我自己的音乐事业以及个人生活中，我常常向人们提出诸如此类的问题，以此证明声音和音乐能够带动我们的反应。这种开启双耳的奇妙感受，总会以同样的方式影响着新的信徒——无论是我的朋友、家人、同事，还是客户。一旦了解了基本思路，他们就会以一种全新的方式去聆听这个世界。那些原本从未留意过的声音，变得那样清晰有力。他们会觉察到世上那些时刻围绕在身边而自己却又未曾注意过的声音；也会听到一些以前从未听到过的声音。然后，他们建立了新的联系。尝试过后，他们回来找我诉说时，总是睁大眼睛，面带笑容："我现在能够听到它了，到处都是！"他们突然意识到，自己在杂货店中那种突如其来的暴躁感觉，可能是因为店内的音箱里放出了糟糕的音乐；也想通了为什么在手机响起短信提示音的时候，自己总会有一种急剧的兴奋感。 10~11

为什么这些聪明人此前从没有意识到声音的重要作用呢？这是因为它是如此普遍，无处不在，几乎无法让人们费心察觉。**声音充斥着生活中的每时每刻，很多时候是在潜意识层面影响着我们的情绪、反应、思想，以及我们所做出的选择。**

恐怖还是搞笑，声音说了算

自从 7 岁开始，我就成了一个音乐人。在一位福音钢琴演奏家访问了我所在的小学后,我恳求父母给我报了钢琴课,我想要学习如何发出那样美妙的声音。不过,直到 11 岁时,我才意识到声音和音乐所拥有的强大力量,它们能够塑造、定义,甚至改变一种情感体验。

那时我想向弟弟证明自己能坚持看完恐怖电影《驱魔人》(*The Exorcist*),而且还保证不会被吓得屁滚尿流。于是乎,我用声音来激发自己心中的勇敢。那天夜里,我们的保姆蜷在沙发上进入了梦乡,我把电视调到了经典恐怖片频道。观看过程中,我始终没有遮挡自己的眼睛,只是调低了电视的音量,然后代之以老式便携式风琴的旋律,这是一种通过风箱气流吹过塑料簧片来创造音律的乐器。

我根据屏幕上的影像创作着自己的即兴表演。管风琴的和弦声音弥漫了整个房间,这让琳达·布莱尔(Linda Blair)①旋转的脑袋看起来也傻乎乎的。弟弟很快理解了其中的奥妙,然后他把身旁的豆袋沙发抠了个小洞,从里面掏出了一大把塑料豆,把它们塞到风琴的一侧,然后让风扇把这些小豆子吹向空中。在琳达喷出绿色豌豆汤的那一幕,我们就这样恰合时宜地制造了一场塑料豆暴风雪,真是笑到眼泪都流出来了。

这时候保姆醒了过来,可显然,她并没有被我们的恶作剧逗乐。

---

① 美国电影女演员,在电影《驱魔人》中饰演被恶灵附身的小女孩。——译者注

BOOM *Moment*
音爆时刻

调低电视音量,放大高保真音响的声音,就可以让一些好笑的剧情轻松变身成黑暗剧,或是把世界各地的新闻大事都变成搞笑闹剧。一直以来在人们的脑海中,声音都与体验紧密相连。

不过,这只是个有趣的开始。调低电视音量,放大高保真音响的声音,我可以让一些好笑的剧情轻松变身成黑暗剧,或是把世界各地的新闻大事都变成搞笑闹剧。我曾在 YouTube 上看到一段点击量过百万的视频剪辑——YouTube 用户尼奥秋森把经典惊悚电影《闪灵》(*The Shining*)的背景音乐替换成了彼得·盖布瑞尔(Peter Gaberiel)的歌曲 *Solsbury Hill*。突然之间,杰克·尼科尔森(Jack Nicholson)扮演的那个连环杀人犯化身成了一部浪漫喜剧里一位古怪、溺爱爆棚的爸爸。这其实与几十年前我和弟弟曾经的玩闹异曲同工。那时,这一切还只是娱乐和游戏。直到后来,当我的大脑收到了相互矛盾的输入,**我才意识到一直以来在人们的脑海中,声音都与体验紧密相连。**[14]

20 世纪 90 年代,小时候玩的这种音乐把戏变成了我的职业。那时我已成了一名制作人,为词曲作者录制样本唱片,白天在曼哈顿中城西区 SOJ 工作室上班。几年时间里,我录制了近 200 首歌曲,一般炮制一首完整的歌曲需要用 5 个小时。那段时间里,演奏、制作、编曲、录音,我的生活就这样周而复始。

那时我从心目中的英雄身上汲取了很多宝贵经验,包括:

- 伯瑞·高迪(Berry Gordy):美国唱片制作人,摩城唱片(Motown)创始人。[15]
- 蒂奥·马塞洛(Teo Macero):美国唱片制作人,

制作了迈尔斯·戴维斯（Miles Davis）最畅销和影响力最大的三张爵士专辑：*Bitches Brew*，*Dave Brubeck's Time Out* 和 *Kind of Blue*。[16]

- 德瑞博士（Dr. Dre）：美国说唱艺人、唱片制作人。[17]
- 昆西·琼斯（Quincy Jones）：美国著名唱片制作人。1982 年，他为迈克尔·杰克逊制作的唱片 *Thriller* 成为历史上最畅销的唱片，并且载入了吉尼斯世界纪录。
- 保罗·西蒙（Paul Simon）：美国音乐家、创作歌手，是当今美国歌坛少有的常青树。[18]
- 奥蒂斯·莱丁（Otis Redding）：美国灵魂乐歌手。[19]
- 约翰·列侬（John Lennon）：英国摇滚乐队披头士成员，社会活动家。[20]
- 詹姆斯·保罗·麦卡特尼（James Paul McCartney）：英国音乐家、创作歌手及作曲家，1999 年，以独立艺人的身份进入摇滚名人堂。
- 约翰尼·卡什（Johnny Cash）：美国乡村音乐创作歌手，多次获格莱美奖。[21]
- 莫里斯·拉威尔（Maurice Ravel）：法国著名作曲家，代表作品有歌剧《达芙妮与克罗埃》、芭蕾舞剧《鹅妈妈》、小提琴曲《茨冈》和管弦乐曲《波莱罗舞曲》。[22]
- 威尔海姆·理查德·瓦格纳（Wilhelm Richard Wagner）：德国作曲家，著名的古典音乐大师，德国歌剧史上承前启后的巨匠。

- 伦纳德·伯恩斯坦（Leonard Bernstein）：美国著名指挥家、作曲家，一生创作了 3 部交响曲，多部音乐剧及一些歌剧歌曲。
- 伯纳德·赫尔曼（Bernard Herrmann）：美国著名电影配乐作曲家，曾为《迷魂记》《简爱》《公民凯恩》《西北偏北》等著名影片配乐。[23]
- 杰里·戈德史密斯（Jerry Goldsmith）：美国著名电影配乐作曲家，曾为《星际迷航》系列影片配乐，共获得 18 次奥斯卡奖提名，1 次获奖。[24]
- 约翰·威廉姆斯（John Williams）：美国著名电影配乐作曲家，曾为《大白鲨》《辛德勒的名单》配乐，曾获 5 次奥斯卡奖、4 次金球奖。[25]

在 SOJ 的样片制作工作中，我在工作室里通过反复的试验、一次次的错误，学到了音乐制作的真正手艺：我知道如何打造一首歌，让它深埋在聆听者的脑海中；明白即使出色的歌词也可能会因为一个不当的用词，或错误的呈现方式而前功尽弃；而且，也许最重要的是，学会怎样才能不去过度迷恋制作——不去影响歌曲的表达方式，让它的意义和情感展现出来。也就是说，我学会了去信任歌曲。

晚上，我来到同样位于曼哈顿中城西区的另一家工作室 HSR，在这里我担任夜间经理。HSR 有大量电视现场配乐和录音，但是真正吸引我的是由里奇·贝克尔（Richie Becker，他是我众多老师中的一位）录制的令人拍案叫绝的广播节目。我认真倾听，像里奇这样的声音艺术家，曾为梅赛德斯-奔驰、美国联合航空公司、美国国家汽车租赁公司、汉堡王等大客户制作过广告。他们通过声音，在听众的脑海中创造出了那些让人完全身临其境的场景，就好比赛道上的风声或是高性能汽车在盘山道上过弯时那风驰电掣的声音（里奇现在是福克斯体育频道幕后的"魔鬼天才"）。技术高超的配音演员，完美传达的脚本，你觉得这部分快要结束的时候："呜——"梅赛德斯引擎高速旋转的声音就像是一个惊喜。这声音让你想要拥有一辆汽车，甚至让你真切地感受到了在电台广播中无法感受到的体验。对我来说，它开辟了一种对声音力量的全新理解——这不仅仅来自我白天录制的音乐，也同样出自我晚上听到的那些在脑海中打造出整个剧院效果的声音。这是我第一次感受到，应该如何利用声音和音乐来讲述情感故事。

如今，我有幸成为了一个忙碌的作曲家、制作人，但是在音乐和声音的广袤领域里，我仍然只是一个学生。我惊讶于它们讲述故事和打动人心的力量，并且无比着迷。我对那些通过声音打动我们，并把我们的体验转化为声音的大师们满怀敬意。

声音或音乐，能够在瞬间带来强大的情感关联。它能够让人们流泪、欢笑，即使大家彼此可能相隔千里。声音可以立即改变人们的情绪与感受，并把不同的图像带入人们脑海。如果说一张图片胜过千言万语，那么在正确时刻使用正确的声音，则能抵过千万张图片。

BOOM *Moment*
音爆时刻

声音或音乐，能够在瞬间带来强大的情感关联。它能够让人们流泪、欢笑，即使大家彼此可能相隔千里。声音可以立即改变人们的情绪与感受，并把不同的图像带入人们脑海。

If a picture is worth a thousand words, then the right sound at the right moment is worth a thousand pictures.

如果说一张图片胜过千言万语，那么在正确时间的正确声音，能抵过千万张图片。

当然，如果是在鸡尾酒会上，有人问我是做什么的时候，我没有办法形容所有这一切。简单的答案是，我是一个作曲家和电视制作人，以及声音品牌顾问，虽然这个回答中的最后一部分所引发的困惑，似乎比给出的解答还要多。老实说，我只是着迷于声音与音乐的力量，折服于它们对生活的影响力，从这方面来讲，我是一个从不知疲倦的学生。我希望能够帮助人们使用声音的力量来为故事配乐，不只是在银幕上，可以是在任何可能的地方。因此，1998 年我创建了一家名为"人造音乐"（Man Made Music）的公司。

公司吸引了一批独具才华的编曲家、编剧、制片人、音乐人、夜店 DJ、音响设计师、音乐监制、录音工程师，之后又引入了品牌策略师，以及用户体验设计师、程序员、音乐学家、品牌合作专家。他们每一个人的到来，都将用声音讲述伟大故事的事业推向了令人兴奋的新高度。

在这些优秀精英的帮助下，我已经能够通过声音的艺术，将玩具、鞋子、小工具、游戏转化成有意义的法宝和生活方式宣言——毕竟，品牌希望如同好莱坞那样讲述故事，而好莱坞也希望品牌支持自己的业务。通过战略性部署，声音能够成为品牌强有力的工具，这些组织和个人竭尽全力，以求创造出能够与受众交互的真正体验。但根本上，**本书所写的内容，比我、我的公司或业务范围要大得多，它关系到任何一个人如何利用声音的力量让自己的生活变得更好。**

释放声音的影响力

本书将向你介绍如何以更有策略、更为全面的方法来探索并利用声音，如何通过声音来创造最大影响力，从而加强听众与你想讲述的故事之间的情感联系。本书也将说明如何提取声音，然后使用无声代替有声，最终达到相同的讲述故事的目的。这种方法建立在我毕生经历的最佳实践的基础上，来自我 30 年的作曲、电视和其他媒体制作的经验，以及我共事过的那些杰出的音乐人、创作人的思想。我曾有幸帮一些大品牌客户解决它们的难题，通过声音对品牌信息进行微调，包括为美国电话电报公司（AT&T）设计声音标识（每一条AT&T广告结束时，你都会听到那四个音），为美国西班牙语媒体巨头Univision国际传播公司创作颂歌，为超级碗创作电影效果的配乐。我将在本书中分享一些自己从这些经验中获得的知识。27-28

不只是大公司，实际上，无论规模如何，企业都可以利用声音的力量来创造某种类型的联系。同时，它也不仅仅是为企业或营销专家准备的锦囊。我将分享一些实用的例子，比如声音如何有效地帮你调节情绪，从而在工作面试时给考官留下深刻印象；或如何为一场筹款活动设定背景音乐；或如何加强员工、客户对你的企业的理解。

《音爆》一书就是利用生活中声音的力量，然后将它进一步放大，帮你推进你的故事、传递你的信息、达成你的目标。我将向你展示，如何将普通的音调转化为多感官的体验以及情感上的联系。**一旦发现了生活中声音的真实力量，你倾听世界的方式将会迎来一场翻天覆地的变革。**

关于音乐在大脑中的工作原理，心理学及神经科学领域都有许多出色的书籍。很多优秀的研究人员利用功能性磁共振成像（fMRI）扫描和对照实验，通过分析脑灰质来解释我们的人性。当然，神经科学和心理学领域的理论绝对可以支持你在这里读到的策略。本书涵盖了足够的内容让学者们来纠正，他们可能会穷其一生解析此中的奥秘，不过我也有充分的理由说明，科学，实际上只能说明这其中的一小部分。

在声音和情感方面，脑科学带来的疑问和困惑可能比它所解答的更多。认知神经科学家（以及认知心理学家和社会学家）会告诉你，他们已经开始逐渐了解声音工作的方式，不过脑科学仅仅瞄准了全部问题中那些可以人为测定的一小部分。剩下的问题，扎根在大脑的更深处，更像是灵魂或是人类的天性。我并不是在声称自己已经破解了这些奥秘。在这本书中，你也不会找到任何关于在现实世界中利用声音来控制人脑的建议。不过，如果你想知道声音品牌化如何运作，那么你可能比其他人更需要这本书。

你的声音策略——对声音有意识地利用、故意为之的计划，很可能是一系列最佳实践以及正确的灵感，而不是一个算法或fMRI图像中彩虹般的色彩组合。我想要带给你的不是玄妙的脑科学，而是声音的人文主义。我相信，那些通过声音语言思考的哲学家、艺术家、创作者，较之最新的科研成果，能够为我们讲述更多有关声音和音乐对情感和记忆产生的强烈影响。不过，这并不意味着将超出一般人的理解或超过了人们运用自身能力的范畴。这里所讲述的一切，都是你能够使用的信息，无论你是否通晓音律，或是五音不全。作为人类，这一切我们与生俱来。

声音能够在一瞬间传递出一座信息的宝库。在正确使用并且保持完整性的前提下，声音能够触发情感、反应、互动和交易。

当音乐、声音运用得当的时候，我会非常激动；同样，

BOOM *Moment*
音爆时刻

声音能够在一瞬间传递出一座信息的宝库。在正确使用并且保持完整性的前提下，声音能够触发情感、反应、互动和交易。

当声音和音乐使用不当的时候，我也会无比惊诧——电影或广告中添加的某一首歌曲，是为了创造一些与之相关联的炫酷感；而那些通过技术效果或纯粹依靠音量来吸引注意的不和谐噪声，却无法带来情感上的联系。

我们生活在一个信息铺天盖地、让人眼花缭乱的感官世界之中，视觉、触觉、听觉不断争夺着我们的注意力。当谈到声音时，很多人印象中可能会觉得越多越好，不过本书将向你说明，如果将声音抽取出来，很多故事与体验可能会变得更为强大。声音和音乐，必须是故事讲述过程中经过深思熟虑的战略的一部分，而不是简单的小战术。如果声音想要做的仅仅是驱动视觉表现，或是增添活力，抑或是试图让一些事务看起来比实际更酷，那么到头来，它也仅仅只是噪声。

这种诚信的缺失，观众们隔着老远就能够感受得到。也许你的把戏能糊弄他们一次两次，但是假若你用音乐和声音不断欺骗，那么日复一日，他们最终将不再信任你。想想"罐头笑声"①的把戏——如果人们总是听到同一个老套的笑话，有谁还会真心觉得好笑？这种明显缺失真实性的小把戏，让本已境况不佳的情景喜剧更加雪上加霜。

音乐和声音能够创造出积极联系或消极脱节，它们从来都不是中立的。如果音乐并没有正确地响起，或没能匹配合适的信息，那么它给人的感觉就像是一个撒谎成性的人口中的友谊。

---

① 情景喜剧里事先录制好的背景笑声。——译者注

BOOM *Moment*
音爆时刻

当声音和音乐使用不当时，那些通过技术效果或纯粹依靠音量来吸引注意的不和谐噪声，是无法带来情感上的联系的。

举例来说，2003 年，日产曾在旗下面包车的商业广告中，使用了当时新生代摇滚乐队谦逊耗子（Modest Mouse）的歌曲《重力凌驾于一切》(Gravity Rides Everthing，广告画面是一个老妈级冲浪手耍着冲浪板炫技）。不过，这支乐队的歌迷并未上钩，也没有真心觉得这种面包车很酷。论坛里有人这样评论："我还没有喝醉呢，我刚才是不是幻听了？""四骑士已经装好了马鞍。"①

2010 年，本田也将摇滚音乐和面包车放在了一起。不过它挖掘了 Gen-X 车型的潜在买家听到夸张的重金属音乐时的那种讽刺感觉，所以广告音乐以及画面选用了"穿着皮革外套的微金属乐队、火焰和狗"。声音让人产生了"这种面包车很酷"的想法，如此一来，就帮助本田传递出了产品的真实故事：这款车的出现是为了那些曾经热爱摇滚的人们，即使他们的座驾现在可能不是那么的"摇滚"。

本书将会告诉你，怎样去发现影响你的糟糕声音，并教你如何应对。你也将学习如何去避免讲述一个错误的声音故事。

不过首先，我们将讨论在品牌推广或日常场景之中，声音工作方式的基础知识。**你将学习如何为周围的声音打开自己的耳朵，以及怎样去留意它们对你造成的影响。有了声音的陪伴，一些强大的体验会更上一层楼——而其他任何感官输入，在触发复杂反应时都不会有此神效。当你选择吃什么、坐在哪里、穿什么、如何去感知时，你将会根据潜意识获得的声

---

① 典出《圣经》,四骑士会将战争、饥荒、瘟疫、死亡带给接受最终审判的人类，届时世界将会毁灭。——译者注

BOOM *Moment*
音爆时刻

当你选择吃什么、坐在哪里、穿什么、如何去感知时,你将会根据潜意识获得的声音信息做出决策。当正确的声音或音乐在恰当的时机被有效利用去交流信息与情感,帮助你回忆并开拓新的体验时,你会体会到我所说的音爆时刻。

音信息做出决策。当正确的声音或音乐在恰当的时机被有效利用去交流信息与情感,帮助你回忆并开拓新的体验时,你会体会到我所说的"音爆"时刻。我会帮你发现这些瞬间,并告诉你如何创建它们。

对于那些寻求音爆时刻的企业来说,声音和音乐需要与品牌故事有意义地、真实地捆绑在一起。营销专家和具有创造力的决策者,并不应该仅凭自己的个人喜好来选择音乐。有效地利用声音,意味着建立策略,挑选、创造适当的音乐,从而帮助人们理解品牌在他们世界中的位置。**有了正确的基础,声音和音乐就能够通过传达明确的情感故事来帮助转变一个企业或一条信息,并帮助人们感知这一品牌。**

同样的原则也适用于商业之外的世界。声音和音乐能够成为情感的引擎,促进一场运动的开展。它们能够将人们团结在一套共同的价值观周围,甚至可以消除不同种族、不同国家之间的距离与隔阂。在个人层面上,它能够改变你与周围环境的交互方式,并影响你在别人眼中的形象。

在这一点上,我是一个幸运儿,有幸拥有这些优秀的同事、朋友、老师,是他们指点我,告诉我这一切是如何实现的。无数声音大师的作品带给我灵感,并对我有着巨大的影响。我无法对他们一一致谢,不过在之后的章节中,我会提到他们中的一些人。他们是热心的教育家、传奇作曲家、音乐家、歌手、词作家、录音师、编剧、电影制片人、编辑。我不仅分享自己从营销专家、音乐人、声音迷那里学到的知识，也讲述从艺术家、物理学家、教堂敲钟人那里收集到的信息，当然也包括婴幼儿、动画师、主题公园体验专家以及音乐发烧友。

市面上为音乐人和发烧友们量身定制的书籍不胜枚举，本书服务的对象则是任何一个有听力的人。想要驾驭音乐和声音的力量，你不必通晓乐理，或是叫出管弦乐队中所有乐器的名字；你也不需要熟知甲壳虫乐队的每一支歌曲的名字；如果你五音不全，也没关系。你也许觉得自己的身体里没有一丁点音乐细胞，但是如果你曾经经历过情感起伏或有所感觉，那么这就意味着，你已经拥有了将本书中所提到的工具运用到生活中的全部素质。作为一个健全人，这一切都是你与生俱来的，即便在此之前你自己其实从未注意过。即使是一些音乐人、音乐爱好者，可能也无法充分意识到声音的强大力量，不曾注意到它是如何改变如此之多的体验的。了解声音最为迅速的方法，就是去看看在它消失的时候会发生什么。

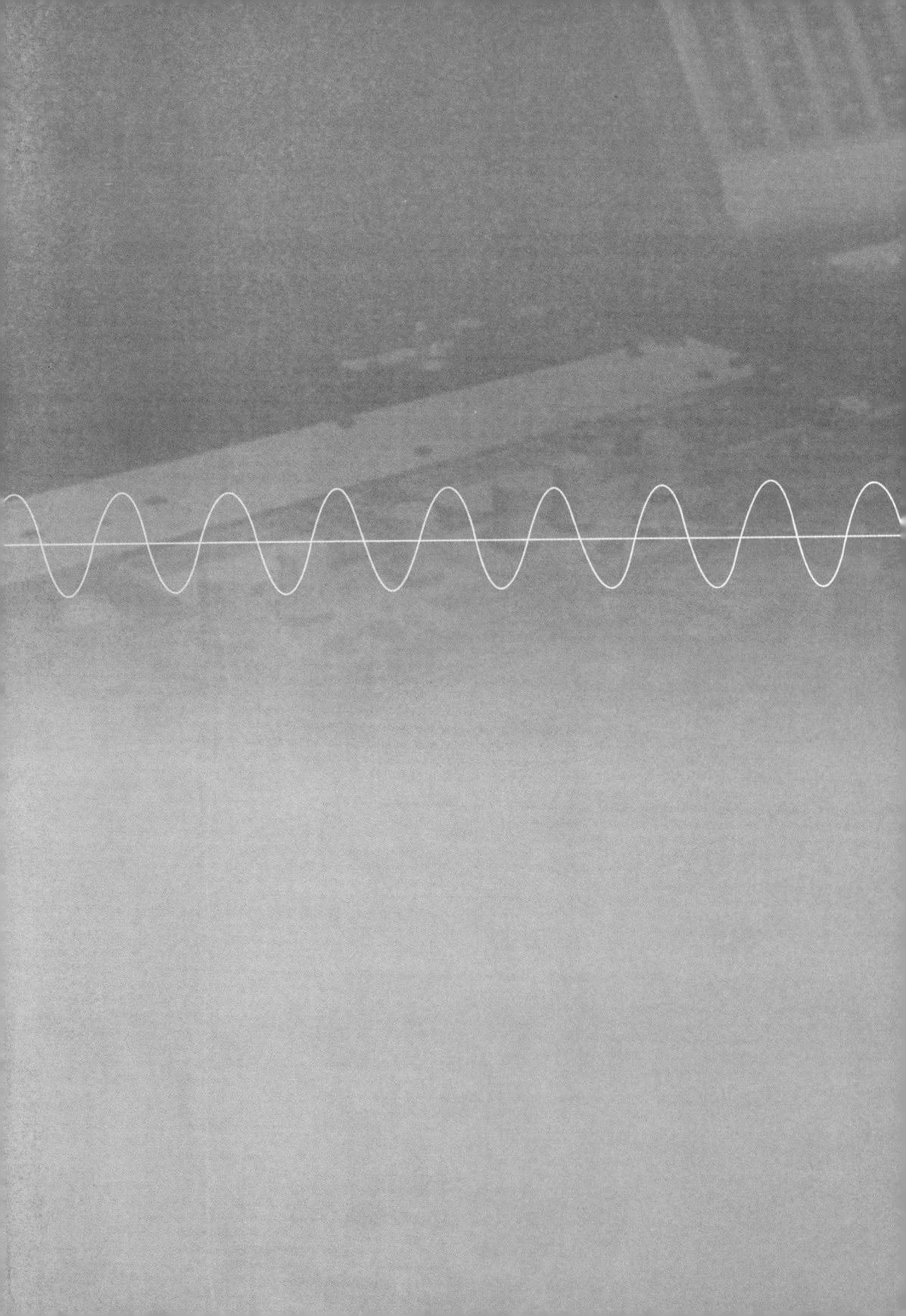

SONIC BOOM

第一部分

场景里的声音

how sound transforms the way

we think, feel,

and buy

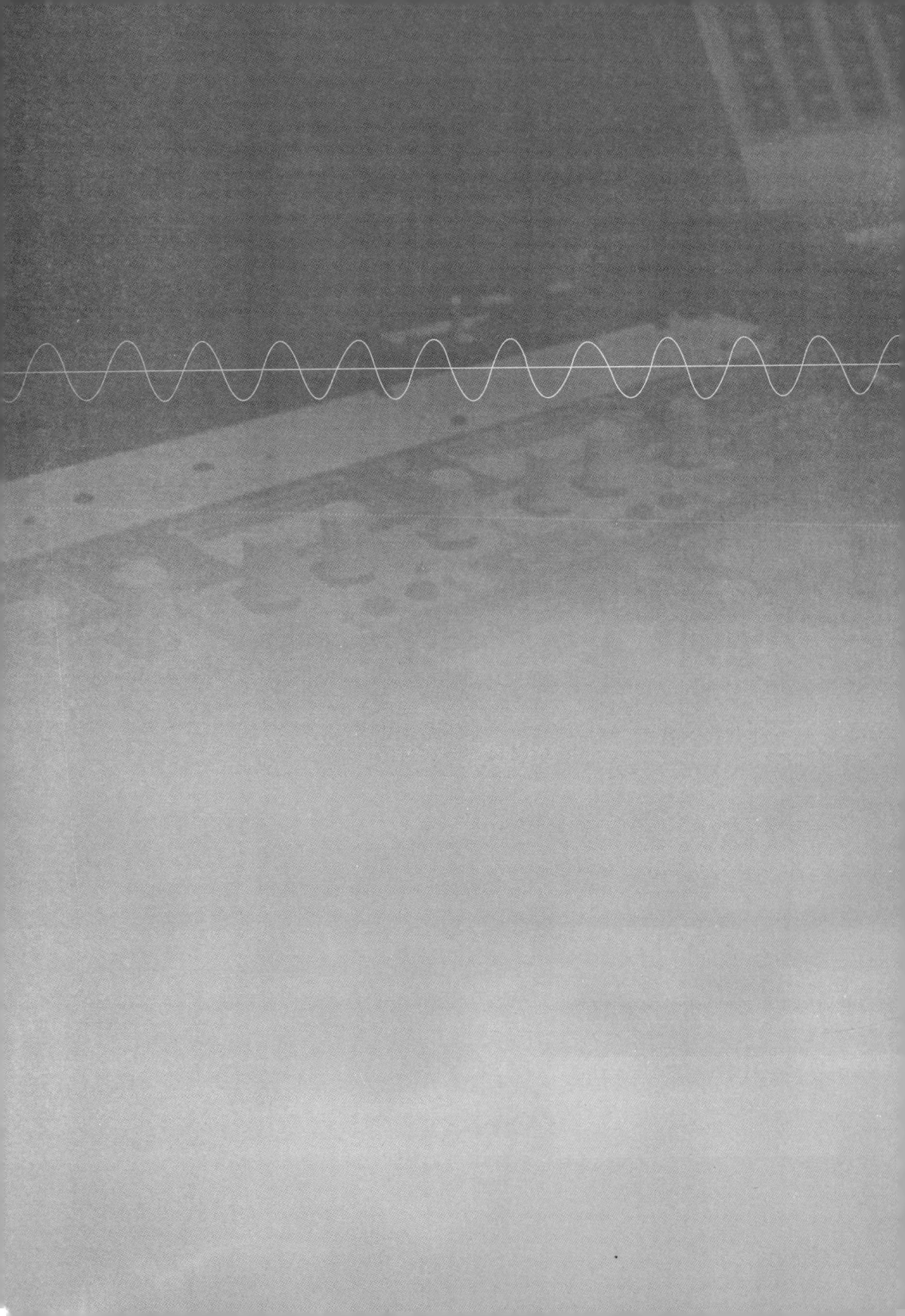

SONIC BOOM

01
耳朵的夜视仪
听到声音中的风景

> 远在声音激活理性头脑之前,它就已经明显地体现出了我们的现实。声音帮助我们分辨来者是朋友还是敌人,危险或是喜悦,开心还是绝望。它是我们伸出手,与我们的世界及其他人联系时,最本能也是最强大的方式。

how sound transforms the way
we think, feel, and buy

扫码开启本章视频

现年 29 岁的萨拉·秋曼（Sarah Churman）来自美国得克萨斯州沃斯堡市，已是两个孩子的母亲。2011 年 9 月 26 日那天，萨拉和丈夫坐上车。她回忆说，车门关闭的声音响得就像炸弹爆炸一般。萨拉拿起手机拨通了婆婆的电话。电话那边，两个女儿跳上跳下地叫着："嗨，妈妈，我爱你。"萨拉顿时号啕大哭，哭到喘不上气。

　　在丈夫斯隆（Sloan）驾车驶下高速后，萨拉推开车门，她觉得当时车流仿佛在咆哮。汽车喇叭嘶叫着，发动机的轰鸣声如同雷鸣一般。夫妻俩来到了澳拜客牛排屋（Outback Steakhouse），在一张空桌旁落座。服务员把饮料端到桌上时，萨拉被那惊人的响声吓了一跳。吃沙拉时，咀嚼生菜的声音格外清脆明显，甚至于无法听清丈夫在说什么。她脑袋里充满了噪声，就好像有什么人把廉价二手车的广告开到了最大声，简直震耳欲聋。

　　原来，萨拉先天听力受损。多年以来，她一直无法听到 85 分贝以下的声响。假若你在她的耳边启动高转速电锯，或者扳动一个 22 毫米口径步枪的扳机，这一切在她听来却都像是喃喃自语。

后来，萨拉的一只耳朵接受了听力设备植入手术。这种设备能够对声音振动进行加工，通过中耳骨将振动放大，然后将调整过的声音送到大脑。对于绝大多数人来说，这个任务都可以通过密布耳中的细小绒毛进行处理，然而萨拉的耳朵里却并没有这些小帮手。即使是最成功的案例，那些接受设备植入的病患感知声音的方式，仍然与天生听力正常的人有所区别。不过萨拉已经是不幸中的万幸。她的婆婆慷慨解囊，用自己多年积攒下来的退休金支付了她的手术费用。手术过后 8 周，萨拉的耳朵逐渐康复。技师终于开启了那个小小的设备——在自降临人世的第 29 年，萨拉终于第一次听到了声音。她从心底赞赏声音的力量，虽然对我们大多数人来说，这一切都只是理所当然的事情。

如果你觉得她的名字听起来有些耳熟，那么很可能是因为已经在 YouTube 或者《艾伦秀》上听说过她的事迹。萨拉的丈夫把她的故事上传到了网上，随即引起轰动。截至 2013 年年中，已有 2 000 多万人观看了这一名为《二十九岁，我第一次听到声音》（*Twenty-nine years old and hearing myself for the first time!*）的短片。视频内容足以融化每一个人的心。

这位身材高挑、一头棕发的女人，裸露的右手臂上刺有文身。视频中的她正聚精会神地盯着技师，等待设备慢慢调试到位。萨拉最先听到的是一些"哔哔"的声响，随着植入设备的激活，你能看到，周围的声音冲向了她。在已经走过的岁月里，萨拉多是依靠助听器生活。但是根据她本人的描述，助听器总是会带来一种持续的嗡嗡声或白噪声，这让她只能捕捉到外部那些最响亮的声音。而且不仅是这样，这些声音还时常会混合在一起，显得既杂乱又沉闷，听起来就好像是查理·布朗（Charie Brown）的老师。而这一次，萨拉听到的声音却是不同的：清晰、明亮、响得要命。在这段YouTube视频中，她原本想克制自己的情绪，在设备开启时尽量保持冷静。不过这种努力只持续了大约一秒钟，便已然土崩瓦解。 01

伴随新感官而来的情感洪水似乎太过汹涌，让萨拉有些无法支撑。她下意识捂住了自己的嘴巴——这是像她这样精通唇语的人努力隐藏自己情感的方式。不过，萨拉还是忍不住颤抖，眼泪夺眶而出，这其中的情绪显而易见。而且这种情感是极具传染性的，你不禁会想象，她的脑海里究竟正在上演着什么。在她的回忆录《启动》（Powered On）中，萨拉分享了一些人们无法从视频短片中窥察的信息。

> 我意识到，我能听到从自己嘴巴传来的声音。然后又意识到，自己听起来是什么样子的，于是我哽咽了。然后我又笑了起来，这更是让我满眼泪水。所有这些声音都变强了，因为我是第一次在自己身体内听到这一切，你无法想象，我被完

全彻底地淹没了。我担心自己的心脏会爆炸，我只是无法用言语表达，脑袋里却早已思绪万千。

萨拉在视频中说："我不想听到自己哭，"于是她笑了，这又让她感到惊喜，"我的笑声听起来很响亮！"

技师说："过些日子，你就会习惯的。"

但是，这段日子，着实并不短暂。

听到的风景

对于生来听力正常的人，很难想象在人生已经走过29年后，第一次拥有听的能力是怎样一种奇妙的体验。单是刚开始意识到周围围绕着多少声音，便已经令人大开眼界了。当发现电视上正播放一些刺耳恼人的广告或自己并不关心的新闻时，你可能会觉得心烦，于是会关掉电视。事实上，这是非常基本的"塑造声景"（Soundscaping）的例子，你在识别并控制声音对自己的影响——前景响亮的声响，中景略低不太重要的声音，以及充当背景音的隆隆声或低声细语。人们将此类主动注意不同程度的声音的行为称为"积极倾听"（Active Listening）。而"塑造声景"包含更多的东西，这一过程包括判断所有这些声音哪些对你来说最有用，无论你是

SONIC BOOM 积极倾听
主动注意前景音、中景音、背景音等不同程度的声音的行为。

SONIC BOOM 塑造声景
利用声音的所有组成成分营造出一种声音环境，从而创造出一种符合作品主题的声音场景。

01 耳朵的夜视仪 听到声音中的风景

027

BOOM *Moment*
音爆时刻

请闭上眼睛，倾听周围，争取分辨出你听到的每一个微小的声音。听的时间越长，注意到的东西越多，你所听到的声音也就越丰富。

在寻找自己的方向，想搞清楚周遭正在发生着什么，想讲一个故事，还是调整心情。运用到日常生活的方方面面，"塑造声景"就是利用对声音与音乐的识别和管理，让自己的世界变得更好。在某种程度上，这类似于萨拉如何开始听到新的声音，并了解它们所传递的信息。你可以增加自己的声音词汇量，扩充能够辨识的声音调色板，然后用它们来讲故事或设计环境。你也可以用这些声音词汇来创造属于自己的信息或印象。刚开始，不妨做一些小练习，感觉一下在任何一个特定时刻，自己究竟错过了多少声音：无论身处何处，闭上眼睛，倾听周围。当你这样做的时候，想象"风"这个字。是不是突然听到了空气与物体摩擦的声音？接下来，想象自己耳畔有"嗡嗡"的声响。是不是立即就听到了？

现在，重新闭上眼睛。不过这一次，要持续整整两分钟的时间，争取分辨出你听到的每一个微小的声音。刚开始几秒钟，你可能会注意到最响亮的声音：隔壁房间电视里正在播放的音乐、身旁的关门声，这些就是前景音。再进一步，在那里坐一会儿。也许你会听到1.5公里以外高速公路上的车流声，或是屋外孩子们嬉戏的声音，这些是背景音。而夹在前景与背景音中间的便是中景音。

听的时间越长，注意到的东西越多，你所听到的声音也就越丰富。你并不是突然激活了某种超能力或是超常感官，你甚至都不是第一次听到这些声音。一直以来，你的耳朵都能够捕捉到这些振动，只不过你可能还没有习惯去关注这些声音罢了。那些练习瑜伽或其他冥想运动的人，对声音识别更为熟悉，但是他们自己可能从未考虑过，每时每刻声音会怎样影响自己，而自己又可以如何去利用这些声音，就好像博物馆馆长为墙壁选择画作进行搭配一样。

在这些声音中，你可以发现很多信息。它让你意识到有人正在向你兜售产品，或者给你解释了为什么在某时某地自己会产生某种感觉。当你意识到更多的声音时，也就开始更好地了解自己了。在这一过程中，你甚至开始更深层次地利用自己的大脑。即使在这之前你一直也都能听到，但是却可能疏漏了很多。

萨拉的大脑并没有接受过训练，因此并不明白应该对哪些声音投入更多的注意力，同时又该过滤掉哪些无用的信息。在植入她耳中的设备开启数小时后，萨拉听到了大多数人会自动屏蔽掉的所有声音。她的丈夫斯隆努力提醒她记住医生的劝告：她的大脑会在各种各样的新鲜内容中灼烧，这需要花上一些时间来适应。

与大多数人不同的是，萨拉所能借鉴的有关声音的记忆十分匮乏。我们大多能够根据语调解读某句可能导致歧义的话语，分辨出一个人是在开玩笑还是存心讽刺。但是萨拉却做不到——她觉得嘲讽有些莫名其妙。她还从来没有听过自己孩子们的声音，也不知道如何在人群中捕捉到她们；在游乐场里，似乎每一声"妈妈"的叫喊都是冲她而来。她几乎是从零开始构建着所有的一切。有时她会觉得自己的汽车发动机听起来出了故障，可事实上那车子安然无恙。她听到女儿们的声音就箭步冲到楼上，觉得她们可能出了什么问题，但实际上孩子们只是在玩闹。空调突然启动的声音也会令她大吃一惊。"公厕抽水马桶的声音总是出奇地响，每次我放水冲厕所时心总会被吓得怦怦直跳。声音嘈杂的餐馆会让我很想逃跑。"萨拉说。

事实也的确如此，有些安装了人工耳蜗的病患，可能会因无法忍受周围的声音而选择去除设备。不过，没过多久，萨拉就开始沉醉其中。

"对这样的事情，我更多的是欣赏。我养的几只斗牛犬在喘气时会伴着呼噜呼噜的打鼾声，橱柜门会吱吱作响，微波炉在工作的时候会闹出很大的动静，冰箱运转时会不断制造噪声。"萨拉在接受采访时这样形容。

她花了不少时间才搞明白该去注意哪些声音，又该去忽略哪些。她必须判断哪些声音讲述了故事，传达出了有价值的信息，或帮助她了解如何去感受；而这种判断，我们大多数人每时每刻都在做着，虽然自己全然不知。

萨拉说："即使是那些对别人来说司空见惯的声音，我也会花上更多的注意力和时间。"有趣的是，在人们学习如何对一些事情给予关注的时候，萨拉已经开始训练自己的大脑去屏蔽大多数声音——如果不是这样，她每天的生活都会像是听力设备刚刚开启时的那混乱的几个小时。她说，现在即便是糖果包装纸发出的声音也是令人愉快的。"无论我的

手机在哪里，我都能听到它。当你按下汽车里的按钮时，它们会发出很大的声响。很多东西的按钮都会发出声响！" ◂03

实际上，世间万物皆有声音，即使是体内液体和气体的流动，空气与内耳的摩擦，或是关节内的液体发出的声音。自盘古开天辟地以来，整个宇宙都在低声吼叫。从宇宙的宏大到量子的微小，我们意识到能量在不断振动。这种振动正是一切声音的根源。它是天生的，是原始的，几乎每一个动物都能够听到或者至少是感受到。很多脊椎动物生来就没有视觉，也可能没有嗅觉或味觉；但是几乎没有哪种脊椎动物，生来就无法感受到声音的振动。人还在娘胎中的时候就已经具备了听的技能；婴儿在了解其他任何事情之前，便已经知道了妈妈的声音。◂04

考古学家报告称发现了史前智人社会的音乐。在 2007 年出版的《歌唱的穴居人：音乐、语言、心灵、肉体的起源》（ *The Singing Neanderthals: The Origins of Music, Language, Mind and Body* ）一书中，史蒂芬·米森（Steven Mithen）写道：

> 除了那些患有认知缺陷的人，所有人都具有掌握语言的能力，并且生来就能够欣赏音乐。

远在声音激活理性头脑之前，它就已经明显地体现出了我们的现实。声音帮助我们分辨来者是朋友还是敌人，危险或是喜悦，开心还是绝望。它是我们伸出手，与我们的世界及其他人联系时，最本能也是最强大的方式。

BOOM *Moment* 音爆时刻

自盘古开天辟地以来，整个宇宙都在低声吼叫。从宇宙的宏大到量子的细小，我们意识到能量在不断振动。这种振动正是一切声音的根源。

01 耳朵的夜视仪
听到声音中的风景

BOOM *Moment* 音爆时刻

远在声音激活理性头脑之前，它就已经明显地体现出了我们的现实。它能够帮助我们分辨来者是朋友还是敌人，危险或是喜悦，开心还是绝望。

Sound is the most visceral, potent way we reach out and connect with one another and our world.

声音是我们连接世界，
连接其他人最本能、
最强大的方式。

声音里的DNA

声音是我们信仰结构的核心。《圣经》有言："太初有道，道就是神，道与神同在。"印度教徒和佛教徒认为，神圣的音节"om"是混沌初开时最原始的声音。在那时，**声音本身是不可知的**。它在每一个具有听力的人的最珍贵记忆和最基本情感中，埋藏、激发。它能够让我们每一个人在一瞬间有所感觉。 ◀05

你之所以不会去考虑这一切，有一个合理的解释，那就是你并没有必要这样做。人的声音体验源源不绝，无论自己是否知道它、选择它，甚至喜欢它。声音能够影响你的心情、精力、意识，也能够影响你的生活和决策。但我们大多数人对声音的影响却一无所知，这是因为它潜藏在我们的意识知觉之下——声音就好比是空气：它总是围绕在你的周围，但是你可能从来都没有费心关注过它，除非有一天它被人从你身边拿走。

这就是一个女人在降生29年后，第一次学会听之后的感受。萨拉获得的不仅仅是听力，她处于一种独特的情况之下，能够描述第一次听到声音的感受。其实，你与萨拉的共同之处，远比你想象的要多。

你也可以学习去倾听这个每天都在影响着你的隐秘的声音世界。这种意识就好比你耳朵的夜视仪，一旦将它开启，就会发现声音在以各种各样意想不到的方式努力地工作着。

想象拉斯维加斯赌场里硬币"叮叮当当"让人欲罢不能的声音，或是老虎机的"哐当"声——我们差不多会自动把它翻译成"钞票"（顺便说一句，有研究显示，老虎机的音乐和声音，会让人们将自己赢得的奖励高估24%）。《愤怒的小鸟》中，那令人暗爽的木材折断的声音和捣蛋猪的城堡玻璃被撞个粉碎的声音，是这款非常成功的游戏令人上瘾的重要原因。《星球大战》影片开头与片名一齐出现的开场音乐，让它不仅仅是一部电影；《大白鲨》电影主题曲中那两个不祥的低音，足以让每一个人下海游泳前都停顿三思。实际

01 耳朵的夜视仪
听到声音中的风景

SONIC BOOM　声音标识

利用听觉手段展现品牌内涵的高度凝练的声音片段，它能够实时、高效地让听众回忆、产生联想，并了解丰富的故事。

上，《大白鲨》的主题曲是一个很棒的声音标识的例子（就算说它是电影史上最伟大的主题曲之一也同样准确）。这两个重复的音符创造了速度与力度之感，立即开启了一个与之相连、情节丰富又极具情感（特别是恐惧感）的故事。它甚至可能会让人联想到与这部电影很类似的视觉标识。你会经常在某品牌的广告将近尾声时，发现该品牌的声音标识，不过，如果这是你唯一能够听到它的地方，那么这个品牌可能正丧失着一个机会。 06-07

当声音标识与颂歌（anthem）联系在一起时，就变得如虎添翼了。颂歌是一个国家、品牌、个人故事和社会运动的详细表达形式，或者是一个以声音语言讲述的目标。它通过声音的 DNA 来传递价值。这种 DNA 能够用来创造更短的声音——声音标识，实时、高效地让听众回忆并了解丰富的故事。

可能你还没有意识到，不过很多时候，你都是在根据自己所处环境的声音而做出选择。你可能会为了清静而选择餐厅角落里的座位，或是因为亢奋而选择酒吧里较为吵闹的位置。下次去购物中心或商场时，不妨留心听听自己经过的每一家店铺的声音。那些精明的商家会为品牌量身定制音乐，其过程堪比高档门店订做服装的过程。因为他们已经确定了目标消费者的价值。你可能已经了解，像盖璞（Gap）① 这样的公司是怎样通过视觉来展示这些价值的——整齐叠好的一摞摞衣服、干净明亮的橱窗，以及标志性的商标（2010 年，

---

① 美国最大的服装公司之一，服装风格简洁、大方、休闲、自然。——译者注

BOOM *Moment*
音爆时刻

盖璞的音乐语言与你在视觉上所获得的价值是相匹配的。它跟随流行趋势而动，却从不过分时髦；它欢快，却从不咄咄逼人。就像视觉标识一样，这样的音乐也在为品牌发声。

盖璞曾经修改过商标，不过在一片哗然中，这家连锁服装店没过多久又悄悄把商标改了回来）。盖璞的音乐语言与你在视觉上所获得的价值是相匹配的。它跟随流行趋势而动，却从不过分时髦；它欢快，却从不咄咄逼人。就像视觉标识一样，这样的音乐也在为品牌发声。你也许不会意识到它的重要性，除非它犯了严重的错误——想象你走进一家盖璞门店，然后快节奏的金属乐或饶舌说唱扑面而来，给你当头棒喝。◀08

其他商店也在利用声音来差异化自己的品牌，特别是在商家密集的购物中心，在这里，几乎每隔十几米就会有不同的品牌体验。你可能会听到布克兄弟（Brooks Brothers）①店里传来的管弦乐，或是热门话题（Hot Topic）②店里传出的某种金属乐或激进的回响贝斯电子乐。这些乐曲向你讲述了每家店的顾客什么样的故事呢？不只是他们穿着棕褐色的裤子或画着男士眼线，还说明了他们是谁，他们看重什么，他们的生活方式可能是怎样的，以及如何将一家店与另外一家店区分开来。

现在你已经准备好接受最后的挑战了：这些声音是如何让你有所感觉的？它们让你感觉到了什么？这就是我所谓的音爆时刻的核心。它是声音扣动了情感扳机的时刻，那一瞬间，声音激发了你的反应，不仅仅是你大脑中控制声音刺激的区域，同样也作用在了与记忆、恐惧、快乐，甚至是视觉、生理感觉或动作等相关的部分。不过你并不需要借助神

01 耳朵的夜视仪
听到声音中的风景

BOOM *Moment*
音爆时刻

音爆时刻是声音扣动了情感的扳机的时刻，那一瞬间，声音激发了你的反应，不仅仅是你大脑中控制声音刺激的区域，同样也作用在了与记忆、恐惧、快乐，甚至是视觉、生理感觉或运动等相关的部分。

---

① 美国知名男士服饰品牌，创立于1818年，服饰风格低调沉稳。——译者注
② 美国极具人气的一个潮牌，专门出售朋克风格的服装与配饰。——译者注

BOOM *Moment*
音爆时刻

当一个声音让你记起生命中某个特殊的时刻，或只是让你感到快乐、悲伤、害怕时，它就让一个原本含混不清或毫无意义的场景、空间或物体变得有意义或有价值。

经科学、心理学，或使用 fMRI 来了解这一音爆时刻。

当一个声音让你记起生命中某个特殊的时刻，或只是让你感到快乐、悲伤、害怕时，你能够感觉到它。它可能会让你联想起某个人或某样东西——让你想象自己便是正在倾听的那个故事里的某个角色。它让一个原本含混不清或毫无意义的场景、空间或物体变得有意义或有价值了。你可能还没有意识到，让这一系列反应发生的，其实是声音。

不过下一次，当你被一个小玩意儿、广告或是某个电影场景感动的时候，想想如果没有声音是否也会一样？你可以试着在静音环境下看看《大白鲨》《十一罗汉》或者《007》系列电影，它们是不是变得不一样了？一旦你学会识别音爆时刻起作用的方式，就会逐渐体会到如何将声音视作工具，而这些好莱坞已经做了几十年了。◀09-11

当企业或个人使用声音来拉动其他感官、激发记忆、讲述故事情节时就会出现音爆时刻。它不可思议的高效，更重要的是，还能够触发感情。通常，这些时刻往往建立在那些你没有意识到你在听的声音上。一旦意识到了这一点，你会备感惊讶，因为你会发现其实声音是那样频繁地指引了你的行为，或是简化了你的日常工作。音爆时刻让一切更有意义，对于企业来说，这意味着大把的声音机遇。遗憾的是，它往往容易被错过，而且是被一些非常聪明的人忽略。

Boom moments help everything make more sense.

音爆时刻
让一切变得更有意义。

其实音爆时刻已经融入了你的日常生活中。比如在纽约，下楼梯走向地铁站台时，乘客们能够通过突然降临的两声车门关闭警告音，判断出车站停泊的列车即将离开。这是一种经过设计的战术性声音，警告人们小心被门夹住。调度员把这种声音转化成了一种策略。他们往往会假意关门，并在把门真的关上并通知司机开车前，多次播放这种声音。他们已经将这种日常的战术性声音变成了一个能够让你感到焦虑、匆忙的故事，甚至让你在检票口的时候，认为自己仍然有希望赶上这趟地铁。如果快要迟到的你已经登上了一辆停靠在站台边的列车，那两声关门提示音会让你感到解脱，以为自己终于追回了些许时间。可如果在那种情况之下，调度员用声音假装关门，虽然是相同的声音却会让你感到失落。[12]

相比其他国家的交通系统对声音的运用，这种调度员利用简单警告声的手法，实在是小巫见大巫。东京的交通系统使用叮当声来表示某个特定的车站，这意味着你不用眼睛就能够知道自己身处何方。莫斯科的地铁使用男声来提示顺

01 耳朵的夜视仪 听到声音中的风景

时针运行的列车，用女声来提示逆时针运行的列车，这样乘客就能够迅速确定自己是否在正确的方向上。这些就是我所谓的功能性声音：它们给你提供了非常明确的信息，这些信息又有利于你的体验。在塑造声景的过程中，它们自然而然地上升到顶部，然后你就会开始主动倾听，因为百般含义皆凝聚在了这极小的空间之中。[13]

还有一个例子。现在，开启你的电脑。如果你是全球2亿苹果机用户中的一个，那么你是否记得在成功开启或重启机器之后，听到的第一个声音是什么？正常情况下，你听到的声音会让自己明白，按住电源按钮的时间已经足够长，电脑可以开始运转。你可能不会在每一次启动苹果机时都有意识地注意这个声音，但事实证明，正是这个声音的存在，意味着你不需要盯着电脑屏幕就能知道它是否运转正常。这并不只是一种简单的执行反馈。这声音会带给你一种怎样的感觉？清新、踏实，甚至是安心？感觉即将开始工作？这就是品牌导航音。这是一个带有品牌性质的声音——听到它，就暗示了这电脑只能是一台苹果机，它兼具功能及情感，能够在短短几秒钟之内给你很多有价值的信息。[14]

苹果电脑的启动声音是一个有趣的例子，因为它并不是一直如此禅意。曾经有段时间，苹果机的启动音犯了严重的错误。最初苹果机启动时会伴随另外一组和弦，而那声音正是被18世纪早期音乐理论家和作曲家称为"魔鬼音程"的

> **功能性声音**
> 能给你提供非常明确的信息，并且这些信息有利于你的体验的声音。

三全音组合（就是任意两个距离三个完整音程的音同时播放，就像是 C 搭配升 F）。这声音令人毛骨悚然，会引发躁动和焦虑的感觉。这种音调的组合过于刺激，甚至在格里高利（Gregorian，曾任罗马教皇）时期曾被视为邪恶的化身。在早期的宗教音乐中，三全音曾被完全禁止。但是，早期苹果机与用户相伴的却是这样响亮的三全音。这并不是用户想要的体验，也不是苹果想要提供的体验。[15]

吉姆·里克斯（Jim Reekes）发现了这个问题。这个人也是让你热爱苹果机的原因之一，即便是在它一次次崩溃之后（要知道，首款苹果机经常崩溃）。里克斯是一位苹果老员工的儿子，也是一个对声音的用法很感兴趣的学生。他年轻时，希望得到一份声音和计算机并行的职业。20 世纪 80 年代中期，里克斯还只有 20 多岁，他用父亲手中闲置的配件为自己"攒"了一台苹果电脑，还自己造了一个合成器。

1988 年，他摆弄苹果电脑的经历为他赢来了一份苹果工程师的工作。在这之前三年，史蒂夫·乔布斯（Steve Jobs）已经被苹果扫地出门。这位具有远见卓识的联合创始人在 1996 年才回归公司完成救赎，并在 1998 年带领苹果恢复盈利。不过里克斯却只能在一个群龙无首的时期开始自己在苹果 12 年的职业生涯，他将这段日子称为"粪球三明治"。当年，里克斯将上文提到的开机提示音称为"另一个糟糕的苹果项目"。这声音的问题有一大堆，其中一个就是它听起来的感觉。他说："我想做的一件事就是把旧的声效全部替换掉。"他为一个从未发布过的应用录制了自己汽车防盗器

BOOM *Moment*
音爆时刻

最初苹果机启动时会伴随"魔鬼音程"的三全音组合，这声音令人毛骨悚然，会引发躁动和焦虑的感觉。这并不是用户想要的体验，也不是苹果想要提供的体验。

01 耳朵的夜视仪
听到声音中的风暴

的声音,还录下了一位同事说"嘎嘎"的声音,后来成了早期苹果机著名的声效。[16]

当他开始改写苹果电脑声音时,每当听到那个启动音他都会不由自主地抽搐一下。那声音是由一位受过高等教育的数学家设计的,而里克斯却是在大四辍学,之后摸爬滚打走到了计算机行业的上层。里克斯下定决心接管苹果的声音体验。"不仅仅是我固执己见认为这声音不堪入耳。它是真心不堪入耳,"提到他想要更换的那个声音(三全音)时他说,"从古至今,这声音就一直与好无关。这是人类能发出的最不和谐的声音。"

他承认,因为这个声音被反复播放了太多次,人们甚至都开始忘记它是多么的恼人了。但无论你是否意识到了这一点,你电脑的开机声音,其实已经为使用体验定好了格调。这是一种预示即将到来的体验的象征——里克斯称之为"耳听信号"(earcon,类似于图标)。

这个看似微不足道的声音,开启了你的电脑的所有连接——与其他机器,与数据和知识的世界,与人。如果这个声音能够在一个正确的时间、正确的情况下播放,它会起到令人难以置信的效果。

里克斯开始着手为苹果机设计新的声音——能够引发奇妙体验的声音。"我想,我得有个能静心的声音,"里克斯说,"我曾经开玩笑说,它将是耳朵的清新剂。"他必须设计这个声音,让它能够适用于各种不同的机型(那时候苹果考虑了

BOOM *Moment*
音爆时刻

看似微不足道的开机声,开启了你的电脑的所有连接——与其他机器,与数据和知识的世界,与人。如果这个声音能够在正确的时间、正确的情况下播放,它会起到令人难以置信的效果。

很多版本的设备）、配置——苹果机产品线最便宜的微小扬声器，或是能发出强劲声音的后来的 Quadra 系列，甚至是在现在的音乐工作室里与苹果机相连的专业扬声器。他最终决定使用一个 C 大调和弦。这个声音是立体的，从后向前、从左向右减弱，里面还有一些混响的效果。它由一大串声音组成，里克斯将它形容为一种"很酷"的竹笛声。"这是一个平静的声音。我知道，即便非音乐人也能够理解 C 大调。对于那些在配备精良的工作室办公的人们，这声音同样会让他们感到有趣。我希望能够碰触到广泛受众的内心，达到我想要唤起的那种情感。"

里克斯把这个声效放在了几台早期的原型机上，他的上司对此犹豫不决。对于那些并不习惯去把握声音中蕴藏的机会的人，这种反应很正常——仍然有很多创新人才需要去说服，即使他们每天都能够感受到这声音的影响。"你不知道你自己在要求什么。"里克斯的老板这样告诉他。"没有人会让我改变它，"里克斯说，"所以我不得不在夜深人静的时候，偷偷把它换掉。"他在凌晨悄悄潜进办公室更改代码，插入了自己想要的声音，最终获得了一位上司的支持。与那些反对修改声音的人相比，这位上司有着不同的看法。最终，这批计算机出厂时使用了里克斯的音效。苹果历史上这一次突然行动，最终成就了设计上卓著的亮点。

1991 年，Macintosh Quadra 700 面世。现已停刊的"电脑圣经"——*Byte* 杂志的评论员曾这样评价这款电脑："在我听到开机声音的那一刻，便知道自己将会体验到一些伟大

BOOM *Moment*
音爆时刻

声音是一种战略需求，而不仅仅是一个手段，开机声必须投射出苹果的品牌个性。通过在几代产品中坚持使用，这一音效就成了苹果"非同凡响"理念的一个持久象征。

的事情。"

"我想，'没错！赢了！'"里克斯说，"这正是我想要做的！"

后来，很多苹果员工又想要去改变里克斯版的启动声效，不过他本人一直反对。"这就像是一个标识，你并不需要总去调整它！改变本身并不是坏事，只不过它必须得变得更好才行。"虽然没有确切的证据，但是在里克斯看来，1996年史蒂夫·乔布斯重回公司之后，拒绝了所有对这个声效的修改建议。里克斯天生就了解声音是一种战略需求——它不仅仅是一个手段。这启动音必须投射出苹果的品牌个性，而由于在几代产品中坚持使用，这一声效成为了苹果"非同凡想"理念的一个持久象征。它与整个产品的体验是浑然一体的。

这个标志性的启动声音证明了声音在计算机体验中的强大力量。从那以后，苹果的这一开机声效几乎从未改变过。相比后来操作系统和众多功能、硬件的改进，以及大量图标、字体的调整，这一声音仅仅是经历了微调。无论后来苹果又有了怎样的创新，开机声音却基本上保持不变，用户开启自己的新苹果机时，都会听到和之前几代产品一样令人满意的声音。在这个开机声效问世之后，设计师、工程师们开始更多地关注起声音在苹果产品中的使用。[17]

虽然里克斯的名字对很多人来说是陌生的，但是他对早期苹果机声音管理的改良，为之后所有功能性、令人愉快的声音奠定了基础。想想发送电子邮件时，那令人满足、耳目一新的"嗖"。虽然苹果并不能申请电子邮件这一专利，但是它拥有的声音，让数以百万计用户乐意使用电子邮件发送信息。它也确保了这样的声音会出现在每一部具备电子邮件功能的苹果设备上。[18]

在如今这个 iPod、iPhone 风靡的时代，应该没有哪个听力健全的人，从未有过这样的经历——自觉或不自觉地用自己口袋中那个容量几乎无限的音乐宝库，在紧张的一天中调整自己的情绪。能够及时访问的音乐将我们从难以忍受的琐事中愉快地解脱了出来——当耳朵里塞上耳塞时，似乎跑一趟杂货店也没有那么烦躁了。我们用音乐在拥挤的公交、地铁或候车室中，为自己创造出一方独立的虚拟空间。即使周遭正在播放着其他背景音乐，很多人还是更愿意替换掉它。现在，我们已经采取措施去利用生活中的背景音了。

消失的声音

即使没有技术的力量，你也已经知道如何利用简单的声音来讲述故事，塑造人们的印象，或是得到你想要的。当你进入办公室时，鞋子发出的声音会让你怎么想？在想要说祝酒词，或暗示自己想要讲一些重要的事情时，你会怎么做？你会如何阻止范围之外的孩子伸手摸热炉？想让所有的声音都消失的时候，你又会做什么？嘘！

对声音控制的不断增长的需求，是这个不断徘徊在感官超负荷边缘的世界的副产品。这就是"此时无声胜有声"相比以往任何时候,在声音策略中更为重要的原因所在。当创建所需要的体验时,我们需要处理的是有声和无声——正如视觉艺术家,从根本上说他们的设计中只有正空间和负空间。

寂静,或是人们所认为的寂静,比那些没有情绪或目的性的声音要好得多。这个避免你为自己的呼吸声分心的自动系统,也能帮你忽略掉其他一些不顺耳的、无益的声音,或帮助你理解如何在某一特定时刻得到你自己所需要的东西。我将这些声音称为声音垃圾(Sonic Trash)。它们不只是随机的噪声。声音垃圾是错误的声音,或是那些在错误的时间讲述了错误故事的正确声音。声音垃圾的身份特征就是它总是意味着一个错过的机会——讲述故事、提供意义,或让人有所感觉的机会。

BOOM *Moment*
音爆时刻

一旦发现了生活中声音的真实力量,你倾听世界的方式将会迎来一场翻天覆地的变革。

那些听过短命的 SunChips "环保"袋发出的刺耳的噼里啪啦声的人,首先记起的可能是它发出的令人烦躁的噪声,而不是它那出众的可降解技术。关于这款袋子,媒体唯一提及的似乎就是它有多吵,而当菲多利公司(Frito-Lay)看到销量大规模跳水时,就将这款袋子停产了。很多时候,与品牌故事、体验紧密相连却考虑不周的广告曲、持续不断的音乐、哔哔声或叮当声,通常都是声音垃圾。不少汽车品牌都曾经制造过一些声音垃圾(比如日产)。有些声音恰巧出现在了错误的时刻,就好比歌剧演

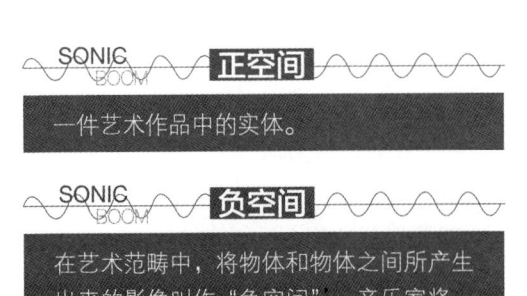

正空间
一件艺术作品中的实体。

负空间
在艺术范畴中,将物体和物体之间所产生出来的影像叫作"负空间",音乐家将一段音乐中的无声阶段描述为负空间。

出中出现的糖果包装纸的噪声。很多时候，声音都被用来填补空白，而实际上有些却该是"此时无声胜有声"的时刻。比如无线蓝牙音箱与你的设备连接或断开时一整天都会不断发出蜂鸣声。凌晨4点，洗碗机会在完成了你睡前安排的工作时发出小小的叮当声。 19-22

声音的留白——有效的寂静间隙，能够为你准备好情绪，这无声就像有声一样有力。它们能够在情节高潮即将来临之际，加强电影或电视节目的戏剧性。人们渴望声音场景中的对比，这种对比能够带来兴趣或休息、紧张或释放的时刻。

迪士尼是平衡主题公园里有声和无声的高手。在这里，复杂的扬声器阵列以及精心调整过的环境声音，让你在停车场打开车门的那一刻，就已经进入潜意识的故事中。"声音是场景的设定者，是情绪的设置器，它让你立即调整好正确的心态，那当然是配合着你所看到的色彩和见到的服装。一瞬间，所有的一切都浑然一体。"华特迪士尼幻想工程的主题公园首席媒体设计师乔·赫林顿（Joe Herrington）这样表示，他已在迪士尼供职33年了。① 23

当所有这一切恰到好处地融合在一起时，声音会上演令人惊奇的一幕：消失。你不会将它视作一个独立的事务而过分关注，而是将它视作整体

BOOM *Moment*
音爆时刻

很多时候，声音都被用来填补空白，而实际上有些却该是"此时无声胜有声"的时刻。声音的留白，能够为你准备好情绪，这无声就像有声一样有力。

声音垃圾

那些在错误的时间讲述了错误故事的正确的声音。

---

① 想更多地了解迪士尼运用声音的方式，推荐阅读《造梦者》。本书简体中文版已由湛庐文化策划，浙江人民出版社出版。——编者注

体验的一部分。

你现在能听到我的声音吗

在重新听到这个世界之后的第八天——那雷鸣一般的关门声，咀嚼时骨头运动的声音，以及第一次通过手机听到女儿说的"我爱你"，萨拉·秋曼继续在《艾伦秀》上分享自己的故事。她描述"雨声、雷声、鸟儿的鸣叫，这些正常人不会想去听的声音。丈夫的呼噜声，我自己的笑声"。

在节目即将进入尾声时，艾伦给了萨拉和她的家人一个惊喜：萨拉的听力设备制造商 Envoy 医疗公司同意为她的另一只耳朵提供手术及设备资金。艾伦又送给萨拉一张由 Envoy 提供的面值 3 万美元的支票，足够她回馈婆婆为自己支付的手术费用（婆婆用自己的养老钱资助萨拉进行了第一次听力设备植入手术）。

2012 年 3 月 9 日，自萨拉第一次真正听到这个世界已经过了五个多月，她和丈夫斯隆制作了第二段视频，并发布到 YouTube 上。视频中，一位技师询问她植入单只设备后的生活如何，听不到"环绕声"是不是显得有些奇怪。对于萨拉来说，最开始关于听力的一切都显得有些古怪。她并没有什么声音定位的概念，比如当她听到警笛声时，仍然会询问这声音从哪里来。用一只耳朵倾听与用一只眼睛看很像——很难以此来判断出相对位置。萨拉第二段听力设备植入视频出现在网上，画面中，她的脸再一次因为惊奇而亮了起来。"哦，真是太不可思议了，"她说，"我不知道该如何解释……

又一次变得响亮了起来。我根本没有想到。我无法抑制脸上的笑容。"

技师让萨拉的丈夫斯隆说话，从而帮助微调设备音量。斯隆发出了一些声音，技师做了些许调整。当所有调试全部完成时，技师让斯隆再试一次。斯隆说，他可能"下意识"想起了一个小小的玩笑，他从 21 世纪初那个无处不在的 Verizon Wireless 广告中戴眼镜的代言人那里获得了灵感：

"你现在能听到我的声音吗？"

萨拉能够听到的不仅仅是一个完整的新的声音世界；有生之年第一次，她能判断出这些声音的来源，感觉到它们距离多远。你如何分辨身后的人多快地走来，或逐渐靠近的警笛声有多远？答案是声音。在 29 岁的年龄，萨拉终于感受到了对于人类生存至关重要的一种自然感觉。声音定位是至关重要的，它能够帮助我们确定是敌是友，决定是战斗还是逃跑。

在双耳恢复听力几个月后，萨拉发现自己处在了一个独特的情况之下，她能够发现声音如何将日常所发生的一切转化成情感体验。她意识到声音是怎样先于视觉图像到达，以及声音能够讲述多少故事。声音甚至能够吸引她对气味、口味以及触感的注意，而这些她以前可能从来都没有注意过。"这让我对生活中的一切都心怀感激，感激能够在 29 岁的年纪，还能像个孩子一样来经历这些事情。"在谈到她刚拥有的听力时，萨拉这样说。她仍然有很多事情值得期待。你也一样。

BOOM *Moment*
音爆时刻

声音定位是至关重要的，它能够帮助我们确定是敌是友，决定是战斗还是逃跑。

01 耳朵的夜视仪
听到声音中的风景

SONIC BOOM

02
音爆时刻
正确时刻的正确声音

> 出现在正确时刻的正确声音,能够讲述一个情节丰富的故事。即便你并没有意识到,声音却会触发记忆和情感,让你在一瞬间有所感觉。

how sound transforms the way
we think, feel, and buy

扫码开启本章视频

还记得之前提到的菲希塔铁板烧么？你是否已经猜到餐厅的名字就是Chili's？2013年，在遍布全球33个国家、2个地区的1 500余家门店中，Chili's共计售出2.74万吨菲希塔肉，根据Chili's母公司布林克国际（Brinker International）介绍，"这一数字是一艘普通美军潜艇重量的四倍"。我将在本章证明，让Chili's成为菲希塔铁板烧的代名词的，没有哪一剂调料比声音更重要。

　　首先，Chili's并不是菲希塔之父。追根溯源，这一殊荣应属于为牛胸脯部位的肉①命名的胡安·安东尼奥·桑尼·弗康（Juan Antonio Sonny Falcon）。桑尼的家族经营着一个肉类市场，他将这种肉称为"Faja"，也就是西班牙语中"带"或"绶带"的意思。Faja曾一度被视作边角料，不过，桑尼却想出了一个能够将这些难以切割的肉通过调味、烧烤从而变得嫩滑美味的妙方。

---

① 位于牛腹部，带状，肉层较薄，附有白筋。——译者注

1969 年，在得克萨斯州凯尔的里奥格兰德河谷举行的独立日庆典上，桑尼撑起了自己的第一个摊位。那时候，大多数宴会都是在一个柜台上供应食物，而厨师们则远离人们的视线，居于幕后。"我认为将烧烤的过程展现在台前会是一大卖点，"桑尼说，"食客能够清楚地看到我在做什么。"他将这些烤肉与玉米饼搭配售卖——没有装饰，食客可以选择是否添加辣椒酱。他将这种简单的菜品称为"Fajitas"（菲希塔）。桑尼所到之处，菲希塔总能掀起热潮。当地报纸甚至给他冠以"菲希塔之王"的美誉。不过很快，一些餐馆就参透了他铁板烤肉的理念，并将之移入室内。

Chili's 并不是第一家供应这种"桑尼菜肴"的餐厅。20 世纪 80 年代，得克萨斯的一些餐馆因为将菲希塔放在炙热的烤盘上上菜而闻名。法尔的 The Round Up 餐厅出现在了菲希塔的传说中，还有达拉斯的 On the Border 餐厅。奥斯汀凯悦酒店的 La Vista 餐厅，被认为是菲希塔铁板烧历史的先驱。1982 年，La Vista 餐厅的德籍行政总厨乔治·韦德曼（George Weidmann）推出了一款风靡一时的菲希塔铁板烧。

La Vista 餐厅位置卓越，俯瞰图恩湖（Town Lake），一条小溪横穿吧台区——顾客会在这里品尝西南主题辛辣马提尼和墨西哥玛格丽塔鸡尾酒。在高峰期，这家餐厅 182 座的大厅每晚要招待 1 000~1 200 位食客。1984 年，La Vista 餐厅曾经在 1 个月内制作了 13 000 多份菲希塔——占餐厅同期售出全部菜品的 80%。韦德曼的菲希塔比现在人们熟悉的更花哨——切割精致的细嫩牛肉，以精心调配的药草和香料调味，配以玉米饼、辣椒、洋葱、鳄梨、萨尔萨酱，整道菜品整齐摆放在炙热的白色盘子上。"你能听到嗞嗞的声音，香气弥漫在整个用餐区，"La Vista 的现任总经理兰斯·施通普夫（Lance Stumpf，他是韦德曼的接班人，韦德曼于 2001 年去世）表示，"人们会发现，'噢！什么热腾腾的东西正从我身后靠近！'"

La Vista 是最早将声音加入菲希塔配方中的餐厅之一。不过，韦德曼却深信是他对香料的独到见解才成就了这道菜。这成了凯悦向自家连锁酒店餐厅推广菲希塔的一大障碍——他们无法批量复制韦德曼的香料。施通普夫透露，这就是为什么菲希塔铁板烧从来没能成为凯悦酒店的招牌菜的原因。但这只是大厨的一家之谈。其实更合理的解释是，韦德曼将注意力放在了错误的调味料上。

人们记住 Chili's 并不是因为它的香料或牛肉——Chili's 餐厅也售出了大量的鸡肉和素食菲希塔。1984 年，当凯悦还在努力调整菜品以尽量适应其他连锁门店推广时，Chili's 已经在自己的 23 个分店推出了自己的菲希塔，并且取得了巨大成功。顾客多到在餐厅外排队，只求能够等到一张桌子。在菲希塔铁板烧这道菜的大名开始流行之前，Chili's 的菜品就已经像病毒一样传播开来了。厨师们将这称之为"菲希塔效应"：当晚的第一个订单被送入厨房的时候，厨师们便温热好几个煎锅，开始准备处理马上到来的一大堆订单。当晚第一道"嗞嗞"声带来的音爆时刻，拉开了多感官连锁反应的序幕，让整个餐厅的顾客都对这道菜迫不及待。在菲希塔铁板烧首秀大获成功之后，Chili's 在 T 恤上印上了这样一句话："我从这个狂热的菲希塔夏日中活了下来！"

BOOM *Moment*
音爆时刻

人们记住 Chili's 并不是因为它的香料或牛肉，而是因为它是做得最大声的。Chili's 保持了简单的配方，主要靠"嗞嗞"声来吸引人，并引发感官的连锁反应。

Chili's 并不是第一个做菲希塔的连锁餐厅，也不是做得最好的一个，但它却是做得最大声的。它们甚至将炙烤的"嗞嗞"声放入了餐厅的第一个电视广告中。在其他餐馆着力于让菲希塔铁板烧的味道更好，看上去比竞争对手的菜品更诱人时，Chili's 却保持了简单的配方，主要靠"嗞嗞"声来吸引人，并引发感官的连锁反应：你先是听到了这道菜，然后注意到了热气，并闻到了香气。在声音的帮助下，你不仅仅是看到或品尝了 Chili's 的菲希塔铁板烧，更重要的是，你体验了它。

在帮助塑造此类体验时，其他感官输入都没有声音这样有效。出现在正确时刻的正确声音，能够讲述一个情节丰富的故事。即便你并没有意识到，声音却会触发记忆和情感，让你在一瞬间有所感觉。当这发生的时候，结果会远远大于销售数字或有效营销。

BOOM *Moment*
音爆时刻

02 音爆时刻
正确时刻的正确声音

出现在正确时间的正确声音，能够讲述一个情节丰富的故事。即便你并没有意识到，声音却会触发记忆和情感，让你在一瞬间有所感觉。

The right sound at the right time has the power to tell a rich story.

正确时间的正确声音能够讲述一个情节丰富的故事。

这时，你就达到了音爆时刻。当一个声音触发了这种多感官体验，音爆时刻就随之而至——回忆和期望包裹在感觉之中，不过这种感觉没有立即被声音本身解释。如果我播放菲希塔铁板烧的声音，然后告诉你，实际上这并不是肉与炙热的煎锅接触的声音，而是一个人不小心把手放在了滚热的炉子上，或是消防员用的软管与着火的屋顶接触的声音，那么你会有一组完全不同的感官反应。这"嗞嗞"声本身并不那么显眼，却在一个意想不到的环境中给你的耳朵带来了惊喜，并通过随之而来的其他感官体验迎合你。

本章将向你讲述 Chili's 以及其他公司，是如何利用声音强有力的情感影响力来成功创造出你记忆中的体验的。也就是发现哪些声音在哪个瞬间会创造音爆时刻。你会了解如何发现一家公司或个人是否有效地利用了它，以及如何为你自己或你的公司来创建它。你也会了解文化里程碑是如何嵌入到我们那包含感觉或体验的集体意识中变为音爆时刻，并帮助我们形成体验之间的连接的。

声音超越声音本身

想要了解 Chili's 发现的那种音爆时刻的工作机制，你需要了解自己为声音做了多少准备。无论你是否意识到了这一点，你的大脑总是在不断地听。它渴望声音的模式，然后又渴望这些模式外的东西。声音对满足脑内的这些渴望是非常有效的。菲希塔铁板烧的体验是从汤汁溢到炙热的白色盘子上时发出的声音开始的。这是那种出现在休闲餐厅环境中的声音，它和那种原始人穿过栖居地时抓住了他们注意力的声音一样。当他们听到灌木丛的沙沙声时，就会变得紧张，呼吸急促，肾上腺素激增。因为这意味着即将展开一场攻击战，或是有机会猎到他们的下一顿大餐——这声音在穴居人耳中，就相当于菲希塔铁板烧。

经验往往伴随着惊吓开始，这是对刺激的一系列自动神经反应。仅有声音或触感，或是感官信息失衡，都可能会导致全身真实的惶恐。想想看，当听到有人大喊"嘣！"或是有人悄悄走到你身后触摸你的脖子，或者是你突然在湿滑的地面上脚下一滑。你无法对惊吓做到真正的免疫，因为它是一种反射。想象血淋淋的犯罪现场图片，你可能会迅速陷入痛苦的反应；或者当你看到一条蛇在你身边滑动，你可能会立刻想要逃跑，不过你可以让自己渐渐适应这些东西（否则，凶杀案侦探或饲养员肯定会无比紧张）。

你并不会被你看到的东西真的吓倒。《黑色星期五》（*Friday the 13th*）里突然出现的杀人狂魔杰森的冰球面具，或是《猛鬼街》（*A Nightmare on Elm Street*）里弗雷迪·克鲁格焦黑的脸，并不会让你受到太大的惊吓，你害怕的是那琴弦的断音或食尸鬼的叫喊，再或是受害者的尖叫声。不相信？不妨找来这些电影，然后在静音条件下观看一次，或者是找来原版《惊魂记》（*Psycho*）的黑白画面。在接受本书采访时，电影作曲家汉斯·季默（Hans Zimmer）开起了玩笑，人们在被恐怖电影吓到时，会不自觉地捂上自己的眼睛，不过这种做法并不对："他们应该堵上自己的耳朵。"

BOOM *Moment*
音爆时刻

原始人在穿越栖居地时，如果听到灌木丛的沙沙声，就会变得紧张，呼吸急促，肾上腺素激增，因为这意味着即将展开一场攻击战，或是有机会猎到他们的下一顿大餐。

BOOM *Moment*
音爆时刻

人们被恐怖电影吓到的时候，会不自觉地捂上自己的眼睛。但这种做法并不对，应该捂上的是耳朵。

惊吓的过程大约会在 10 毫秒之内完成，这比眨眼的速度还要快 30 倍以上——五个突触的回路会让你跳起、大幅耸肩、低头，然后转向声音的来源，这就是所谓的定向响应。你的心率、血压也会激增，不到 50 毫秒（这仍然比眨眼的速度快了 6 倍）便能识别出声音和声音的来源。在你眨眼间，声音输入由你大脑中的听觉皮层，传向大脑中控制情感和记忆的其他部分——海马体和杏仁核。

这时候，声音就已经超越了声音本身。

加州大学戴维斯分校心理学系的心脑系统中心教授、神经科学家彼得·贾纳塔（Petr Janata）发现，播放音乐时的 fMRI 扫描图像，即使是在第一秒钟，也与血液流向控制运动功能的大脑部分一致。根据声音的种类（比如爆炸，或是一个熟悉的曲调的前几个音符），它也与血液流向和认知及自我意识相关的大脑部分对应。"回忆的内容，甚至是视觉区域，大致也与重温这些心理图像有关。"贾纳塔表示。

那些在对听者意义非凡的时刻听到的声音，会触发脑部负责深层情感，甚至视觉故事的区域。虽然目前尚无人能够完全描绘出对声音反应的完整神经构象，而建立因果关系往往比查看 fMRI 扫描结果还要棘手，不过有一点很明显，那就是声音是一种非常有效的输入。

实际上，声音是最有效的输入方式。嗅觉是记忆和情感的强大触发器，甚至能够让你更留意其他感官输入，但大脑对气味的反应却比对声音的慢得多。而且对大多数人来说，嗅觉都没有听觉发达，相对来说也不可靠。你无法仅凭气味对一定距离的来源进行三角测量。视觉能够激活脑部的大片区域，你的眼睛会让你对与物体相关的气味或味道更注意——那些曾经在垃圾车后行走过的人都能够证明这一点；但前提是你已经面向了它。除此之外，你每秒只能感受大约25个视觉事件。但是同样的时间，你却能够感知200个听觉事件（具体见下图）。这也就可以解释，为什么你会先对菲希塔铁板烧的声音有所反应，然后才看到热汽，或是闻到煎洋葱的气味，并开始渴望品尝它。

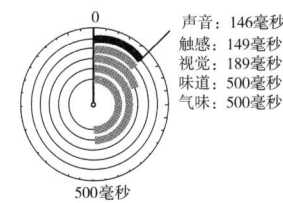

注：我们对声音的反应要快于其他所有的感官刺激。

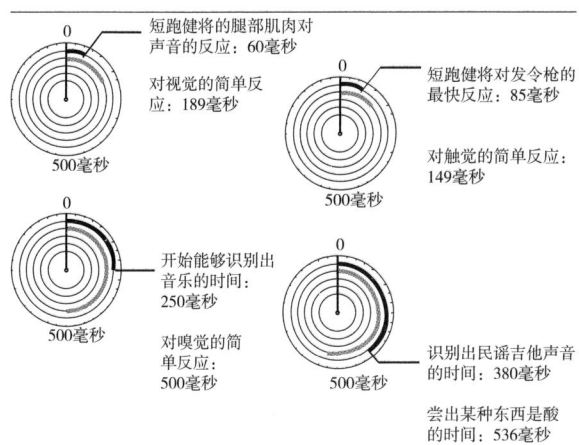

注：对特定声音的复杂感知和反应，往往比对其他感官输入的反应快。

一秒脑科学

但是神经科学无法解释，Chili's 是如何想出自己那独一无二的菲希塔铁板烧的。人们给那个情景带入了一大堆环境包袱——对氛围、菜单的期望，以及他们与 Chili's 相关的完整体验。在菲希塔周围绕着实体、视觉环境，这些细节可能看似毫无意义，但它们在音爆时刻得到组织之后就会大不相同。那时，它们会深植于记忆中，成为其不可分割的一部分，并能够通过声音轻松回忆。

冰激凌车的音乐与耳朵虫

为了进一步解释菲希塔的背后原理，我们需要跳到甜品环节。这是一个炎热的夏天，你正在竭尽所能对抗酷暑——窝在窗户大开的屋内期盼一丝并不存在的凉风，或是把空调打开；懒洋洋地躺在游泳池里，或是冲上一个舒爽的凉水澡。突然，一首叮叮当当的曲子穿过街巷，吸引了你的注意。几乎就在一瞬间，你认出了它，并判断出了声音的来源。这是冰激凌车的音乐。而且无论你是小孩，还是已经长大成人，这声音都已经在你的胃中放进了无数只飞舞的蝴蝶。你进入了一个完整的音爆时刻。

你知道那种感觉，而且现在也已经知道，声音如何在大脑中凝聚情感——焦虑、兴奋、希望、欢乐、惊险、刺激。它组织好其他感官来支持这一体验。就像菲希塔铁板烧的声音能够帮你拼装好一个由视觉、气味组成的故事一样，只要有冰激凌车的音乐，你不必在某一个特定地点就能感觉到巧克力蛋筒碎裂处的冰凉，以及冰激凌给舌尖带来的清凉。**声**

BOOM *Moment*
音爆时刻

只要有冰激凌车的音乐，你不必在某一个特定地点就能感觉到巧克力蛋筒碎裂处的冰凉，以及冰激凌给舌尖带来的清凉。声音能够帮助你从记忆中重新构造出多感官体验。

音能够帮助你从记忆中重新构造出多感官体验。

你开始剔除那些无法带来相关信息的声音，留意这首叮当曲子从何处传来，冰激凌车的行进速度有多快，以及最重要的——这一切意味着什么。最开始，只是脑袋转向熟悉声音的简单动作，而现在你却意识到这是一次时间有限的购买活动。冰激凌车终于成了冰激凌车！然后，事情变得着实有趣。

如果你是一个成年人，自孩提时代以来第一次听到冰激凌车的声音，你大脑中控制情感以及自我意识、运动的区域，也开始为故事增添佐料。"当你与遥远过去的记忆片段结合的那一刻，你就将这些区域提了出来，"贾纳塔表示，"当你的头脑中存入了冰激凌车的曲调，仅仅是提到它，也能够激发脑内的图像处理。当这些歌曲越来越熟悉，会有很多运动区或所谓的运动前区参与其中。"在几毫秒之内，你不仅识别出了曲调，也感觉到了与之相关的情感，并且重温应该以何种行动对它做出反应。

一个孩子听到冰激凌车的音乐，可能就会在心里开始演练怎样快速向爸爸妈妈讨要现金，或者许上一大堆承诺，比如在晚餐时多吃蔬菜，过会儿刷牙，甚至整个周末自己打扫房间——不惜一切代价。

一个有关冰激凌车音乐的故事已经成了我家的必备笑料，不知被拿出来调侃了多少次。故事里的我还只是一个小孩子，当叮叮当当的声响穿过我们在新泽西那个家所在的街区时，这声音总会让我激动得语无伦次，就连运动前区也来不及排练好我想说的话。我冲到父母面前,呼吸急促,拼命组织语言:"冰……钱(喘气、喘气)……求你……任何事。"在恐慌的泪水夺眶而出之前我冲口而出,生怕错过一次冰凉大餐。

在很多情况下,让你从不知道想要什么转变成非要不可的正是这曲调。你不是必须要看到那辆冰激凌车,或是车身两侧贴着的冰激凌图片,才知道自己想要它。这些感觉近乎于凭空出现。大约一个世纪之前,在大萧条时期,冰激凌车商贩们偶然间发现了通过声音勾勒强大故事的力量。

20世纪20年代初,俄亥俄州扬斯敦地区的亨利·伯特(Henry Burt)在他的卡车上开始了Good Humor冰激凌生意。这些卡车配备了儿童雪橇的铃铛声。"伯特为他的冰激凌卡车选择小雪橇铃铛声意义重大,因为它不仅让人们回忆起熟悉的冷饮柜的声音,同时也是一种充满冬日感觉的声音,在炎炎夏日传达了冰激凌的清凉之感。"民族音乐学家丹尼尔·尼利(Daniel Neely)说道。他是一位知名的冰激凌卡车音乐专家。

在大萧条时期,Good Humor的特许经营权需要首付100美元。1929年,保罗·霍金斯(Paul Hawkins)在加州开设Good Humor,不久后将铃铛声换成了波兰民歌 *Stodola Pumpa*。尼利写道:"**使用单一、简单的旋律是有效的,因为它能够轻松地在消费者耳朵里植入声音品牌。**"除非你碰巧在一个玩具店,或者在圣诞老人车间工作,否则叮当曲调可能意味着任何一种声音场景。它给大脑一种它能捕捉到的输

BOOM *Moment*
音爆时刻

Good Humor冰激凌卡车配备了儿童雪橇的铃铛声,这个声音不仅让人们回忆起熟悉的冷饮柜的声音,同时也是一种充满冬日感觉的声音,在炎炎夏日传达了冰激凌的清凉之感。

入——你的头脑中总是希望完成这个音乐结构，一遍又一遍。"在大多数情况下，它都很容易被记住并被重新唤醒，"贾纳塔说，"你无法通过一个视觉图像做到同样的事情。你可以一遍又一遍地观赏同一部电影，那样地话，也许会对它有一种强烈的反应。但如果是音乐的话，就会容易得多。"

想象最近一次，你的脑海中无休止地重复着同一首歌曲。当你发现，一天之中自己哼唱或是在脑中重放了上百次后，你可能会心生厌烦。这就是"耳朵虫"（earworm）的概念。在你意识到它之后，即使自己并不情愿，它仍可能会在你的头脑中徘徊更长的一段时间。但是大多数情况下，耳朵虫出现的原因，是你的大脑在简单的日常任务背后加入了令人愉快的配乐。

许多著名的认知心理学家都曾经研究过这一现象，包括菲利普·比曼（Phillip Beaman）、蒂姆·威廉姆斯（Tim I. Williams）、安德里亚·哈珀（Andrea Halpern）以及J. C. 巴特利（J.C.Bartlett）这样的大师。他们都认同一种与主流看法相反的观点——大多数人实际上很喜欢萦绕在脑海中的那些音乐。艾拉·海曼（Ira Hyman）写道："认为这些歌曲清一色全是令人讨厌的歌曲或令人心烦的广告歌曲的观念，其实是谬论。"这位认知心理学家也曾研究过耳朵虫现象以及音乐和记忆。

根据我多年来在作曲生涯和声音业务上与数百客户打交

耳朵虫

指某首歌曲或其他音乐作品的某个片段不由自主地反复出现在某人脑子里的情况。

BOOM *Moment*
音爆时刻

你很乐意听到一首歌曲在你的脑海里或以其他方式一遍遍重复——只要它能够与你的愉快经验相连，帮助你得到自己想要的东西、理解一个故事，或是给你提供一种愉快的消遣。

道的经验，以及作为一个听力健全的成年人，在这一点上，我可以更进一步说明：你很乐意听到一首歌曲在你的脑海里或以其他方式一遍遍重复——只要它能够与你的愉快经验相连，帮助你得到自己想要的东西、理解一个故事，或是给你提供一种愉快的消遣。当你试图搞清楚卡车距离有多远，或是你得花多久求父母给你钱时，冰激凌卡车的音乐听也听不够。而作为一个成年人，在你想小睡一会儿时，停靠在你公寓旁的冰激凌卡车却让人烦得要命。2007 年 4 月，一项由纽约市环境委员会及巴鲁克学院的 eTownPanal 展开的调查发现，邻居的活动声、汽车声响以及警车、消防车、救护车的鸣笛声是噪声投诉的前三名。冰激凌卡车在城市最恼人的 24 种声音中排名第 13 位，高于酒吧、夜店、公交地铁，甚至鸟类、昆虫的鸣叫也榜上有名——这是纽约对声音力量的一个独特的佐证。

1949 年，各式各样的冰激凌卡车播放着不同的曲调，包括《草莓金发》(*Strawberry Blonde*)、《小布朗·贾戈》(*Little Brown Jug*)、《纽约人行道》(*Sidewalks of New York*)。如今，它们使用《稻草里的火鸡》(*Turkey in the Straw*)、《黄鼠狼逃跑了》(*Pop Goes the Weasel*)，以及安德烈·尼卡蒂纳 (Andre Nickatina) 创作的《冰激凌》(*Ice Cream*) ◀05-10。

不过一家始建于 1956 年的富豪雪糕公司 (Mister Softee)，却从 1958 年开始，一直采用同一首歌曲。那年，富豪雪糕创始人詹姆斯·康威 (James Conway) 和威廉·康威 (William Conway) 俩兄弟搬迁到新泽西兰尼米德市后，委托费城一家广告公司的作曲家莱·华斯（Les Waas）创作了一首同名歌曲《富豪雪糕》。你可能从未听到过这首歌的歌词，不过这首曲子实际上确实是有歌词的：

> 富豪雪糕来了，
> 那软软的冰激凌人。
> 奶油十足的梦幻软冰激凌，
> 这是你从富豪雪糕得到的。
> 为了无上的清凉喜悦，
> 寻找富豪雪糕吧。
> 我的奶昔和我的圣代，
> 我的雪糕是如此的享受。
> 听我车轮上的小店，
> 沿街传来一阵叮当。
> 奶油十足的梦幻软冰激凌，
> 这是你从富豪雪糕得到的。[11]

康威兄弟的原计划是将传统的铃铛声整合到这首歌曲中，并把它作为电台广告进行传播。不过两人对它很是满意，最终决定在所有的富豪雪糕车上播放。毕竟，这也是它们与顾客的主要接触地点。做出这一决定的时候，康威兄弟已经意识到了有效的音爆时刻的一个关键元素：这首独特的歌曲得到了战略性和持续性地使用，而且它在一个恰到好处的时间讲述了一个真实的故事。

BOOM *Moment*
音爆时刻

打造有效的音爆时刻的一个关键元素是：一首独特的歌曲得到了战略性、持久性使用，而且它在一个恰到好处的时间讲述了一个真实的故事。

BOOM *Moment*
音爆时刻

富豪雪糕比别的冰激凌卡车运营商多了一个撒手锏，那就是它拥有冰激凌音乐。一旦你拥有了这一声音，你也就拥有了这种体验。

同时，它也是富有童趣的，听起来就像是整人木盒或是音乐盒的感觉。丹尼尔·尼利这样写道："商贩们希望他们在路上播放的音乐的曲调和音色，能够将感知与记忆串联，带来一种怀旧之感——是对童年的怀念，也是对甜蜜味道的想象。"这歌曲从本质上讲意味着安全。就冰激凌卡车来说，叮叮当当的童谣声让人觉得即使是从陌生人手中拿糖果也是可以的。艾拉·海曼说："除了冰激凌，你还买到了很多别的东西。你买的是你的童年。"

使用定制歌曲是康威兄弟诸多策略中最为成功的一个。它很好地表达了富豪雪糕，任何铃铛声或是借来一用的曲调都难以达到这样的高度。富豪雪糕拥有这首歌曲的版权，因此可能永远也不会与其他品牌或信息混淆。虽然它无法独揽冰激凌的经营权，但是却能够代表享受冰激凌时的部分感觉——从这首曲调在你的头脑中回响让你有所感觉，到它镶嵌在你的记忆中，然后在某一个瞬间，无论是在接下来的夏天，还是几十年之后，汹涌而至。"对于当时那样的时期，这歌曲很是新潮，与众不同，"吉姆·康威（Jim Conway，富豪雪糕公司副总裁，他从父亲和叔叔手中继承了这家公司）说，"此举帮助富豪雪糕车在竞争中脱颖而出。"这个家族企业目前在全美18个州经营着300个加盟商，运营着700辆雪糕车。作为一家私营公司，富豪雪糕从未透露过盈利，但吉姆表示公司年销售额达数百万美元。

尼利表示："如今，最有名气的冰激凌卡车音乐可能就是《富豪雪糕》。"在美国，富豪雪糕比其他冰激凌卡车运营商多了一个撒手锏,那就是它拥有冰激凌音乐。一旦你拥有了这一声音,你也就拥有了这种体验。

无论是从富豪雪糕卡车,还是从其他冰激凌卡车传来的音乐,总会让你瞬间忘却冰激凌以外的一切。回想一下当你从客厅或后院听到了这叮当声的那一时刻,你是否觉得自己距离装满了冰激凌的冰箱只有几步之遥,那些风味绝佳的哈根达斯或本杰里(Ben & Jerry)冰激凌似乎就在指尖?这冰激凌音乐是否曾让你想要溜达到自己的冰箱前给自己盛上一碗?或者,它会让你想要冲出门去追赶美味吗?比如富豪雪糕。

"你会冲向那些冰激凌卡车,"吉姆·康威说,"走向冰箱并不是对应的体验。"

缺失的声音,不完整的体验

冰激凌供应商们并不是唯一利用了声音影响力的一群人。即便是一小段音乐,或是在正确时间播放的声音,都能够触发一种记忆或某种动作。当你在电影院正片播放之前,看到20世纪福克斯标识,并听到击鼓声时,你知道引人入胜的内容即将拉开序幕。你可能会注意到灯光变得更为昏暗,知道是时候停止交谈。它甚至可能让你回想起自己在大屏幕上看到的第一部电影。你可能会注意到,自从坐下之后就一直挥之不去的爆米花香味,也可能会决定,继续撕开放在腿上的糖果包装袋。

BOOM *Moment*
音爆时刻

在电影中，重复的声音模式可以出现在任何地方——从音乐伴奏到主题歌曲，甚至是标志性的音效。如果这之后的某一天，你听到它们，这声音仍然会在头脑中唤醒你体验过的全部感觉、情感。

提到电影本身，重复的声音模式可以出现在任何地方——从音乐伴奏到主题歌曲，甚至是标志性的音效。如果这之后的某一天，你听到它们，甚至可能是几十年之后，这声音仍然会将你送回到你第一次看那部电影的那个时间、那个地点，然后在头脑中唤醒你体验过的全部感觉和情感。

想想《星球大战》中各种激光、钛战机或光剑的声音。听到第一声机械喘息时，你知道达斯·维德（Darth Vader）即将露面，这甚至是在你看到他那乌亮的黑头盔之前。你感觉到了他的邪恶——多亏了那精心设计的低沉的隆隆声。相反，《星球大战：绝地归来》中，达斯·维德在头盔脱落时发出了高亢的喘息声，因为他发现了自己的人性，这又让你顷刻之间对他阴险的性格抱以同情。[13]

2007 年，福特管理者意识到公司正面临着一项挑战——复制电影大片中与汽车有关的情感体验。

那时，距离他们推出特别版野马已经过了七年之久。这一小批车型让整个品牌笼罩在一种光环之下。它会让人们想起，几年前一个邻居或是镇上一个酷酷的孩子，甚至是他们自己拥有一辆野马时获得回头率的感受。每隔几年，野马会串好怀旧的线索，并保持自己在市场中作为美国"反叛汽车制造商"代表的地位。2008 年（与 2001 年相似），福特通过创造完美的声音做到了这一点。但是，也许并不是你想的那样。"一些跑车发烧友希望我们推出一些特别款汽车，"野马噪声及震动工程师肖恩·卡尼（Shawn Carney）表示，他自己也拥有七八辆（他记不清了）该品牌的车，"这是人们都垂涎三尺的汽车。"到了 2008 年,福特和野马迷都变得异常饥渴。

很多人在网络留言板上猜测,福特将会推出 20 世纪 60 年代以来的高性能版本——新版 Boss 或 Mach 1。不过,肖恩显然知道更多的内幕。在内部研发机构中,福特正悄然打造一款布利特野马(Bullitt Mustang)——史蒂夫·麦奎因(Steve McQueen)座驾的 40 周年纪念版,他曾经在 1968 年电影《警网铁金刚》(*Bullitt*)中,驾驶这款汽车完成了好莱坞最具标志性的追逐场面之一。

在一场私下的会议上,福特管理者驾驶原型样车兜了一圈。虽然是一款新车,但是它在总体上保留了 1968 款麦奎因车型简约的视觉特征——没有镀铬装饰,进气格栅上也没有小马标识。但是肖恩发现了一个严重的问题,没有人注意到声音,而这个声音正在酝酿着一场"灾难"。这突兀的声音并非出自发动机,而是来自排气管——当史蒂夫·麦奎因饰演的警探弗兰克·布利特开着一辆搭载马格南 V-8 动力的道奇战马,疾驰在旧金山市中心连绵起伏的山丘上追赶两个打手时,那咕咚咚咚的声音出现了,是引擎加速的声音。"我们不会以此为傲,"在听到这车的声音后,肖恩说,"这并不是向布利特车致敬。"赌注很高,品牌的声誉命悬一线。

肖恩说:"我们必须找到我们自己对布利特(车)声音的理解。"不过首先,他必须说服福特的设计师相信,即便这款车看上去很棒,但是没有声音,体验仍然是不完整的,这无法满足所有人的期望。如果这款车没有合适的声音来启动整个感官体验,那么所有对细节的专注也将会分崩离析——它会让人觉得不对劲。福特陷入了危机,它很可能失去自己的"品牌大使"——这群人喜欢将自己的布利特野马的轰鸣声和咆哮声剪成视频放上网,YouTube、谷歌上到处都是。"这才是布利特之所以是布利特的原因,它太关键了。"肖恩说。他们必须迅速采取行动。

于是肖恩把野马首席工程师保罗·莱德(Paul Randle)叫到一边,告诉他自己对这款汽车排气管的想法。肖恩说:"我们需要说明这里究竟有怎样的机会。"他带莱德见了一个朋友,一位 2001 款布利特的车主。肖恩让自己的朋友发动汽车,这样莱德就能够听到排气管那独特的声音。他想让自己的上司亲自感觉到布利特的音爆时刻。"他立刻就喜欢上了,'哦,我们就要这样做。'"肖恩说,"当他听到的那一刻,就对它很是迷恋。"这通常就是成功的关键。让人们感到其中的差异,然后他们就会立即上钩。莱德保证肖恩和他的团队会有足够的预算来立即完成这一工作。不过,这以后的事情就变得非常复杂了。

2001 年,当福特打造首款布利特野马时,这支团队的成员(那时肖恩还未加盟野马)竭尽所能让这款车听起来与电影中的一致,他们的工作颇有成效。但是在 2008 年,野马的车身以及马力已经经历了彻底的重新设计。肖恩不得不从零开始。也正是在那时,他意识到自己永远都无法让新车型的声音与电影中的声效完美匹配。肖恩提到:"真正工厂里制造出来的野马,听起来不会和电影中的一样。"他那时

BOOM *Moment*
音爆时刻

如果没有声音,即使车子看上去很棒,体验仍然是不完整的。如果没有合适的声音来启动整个感官体验,那么所有对细节的专注也将会分崩离析。

正在追逐好莱坞的魅影。

从技术角度讲，复制电影中那款车的声音是不可能的。首先，当你思考野马汽车在《警网铁金刚》追逐场面中发出的声音时，你思考的不是一辆真实汽车的声音。那实际上是由弗利公司（Foley）的艺术家们后期配的声音特效。福特工程师们能够做到的是，寻找一种与之相仿的音高、频率和转调，让这款新车能够从市面上的其他野马中脱颖而出，就像是电影中的野马做到的那样。"**我们想要做的是匹配人们对布利特音效的认知，我们自知无法完全复制电影中的声音。**"肖恩说。其次，让新款野马的声音像电影中的一样，然后让其在公路上合法行驶，显然也是不可能的。他说，如果是这样，当它走下组装线的那一刻，就会违反噪声法令。"说到布利特，电影中的声响是灵感。但是在这之后，我们还需要处理实际情况，电影中使用的那些声音是不可能在真正的车上使用的。"

解决方案是一个复杂和令人兴奋的极客般过程，首先用电脑进行声音模拟，从而让设计师们在正式开始实际的焊接工作之前，就能在虚拟设置下进行的模拟测试中听到汽车跑起来的声音。在模拟过程中，他们能够剔除排气声，仅听进气声，反之亦然。他们能够将这音效与环境声音混和。然后回到现实世界后，工程师们开始切割、安装排气管，调试空气压力，并考虑如何从左至右布置这些排气管。野马底盘下的金属部件成了肖恩·卡尼的管弦乐队。

2008 款野马布利特风靡世界。这款总产量约 6 400 辆、标价 31 075 美元的新车,成功售罄。国际野马布利特车主俱乐部的部分车主也认同,这款车的声音是让它取得成功的关键——让他们回忆起了那部电影。俱乐部成员格雷格·奥特里(Greg Autry)起初购买了一辆 2001 款布利特。当福特邀请他试驾 2008 款的早期型号时,他立刻爱上了这款新车。后来他将自己的 2001 款布利特转手卖出,然后购买了一辆二手 2008 款布利特,编号 3383。"我买它的时候,它更换了消音器。后来我不得不到处寻找原版消音器,然后把它装回去,"现年 52 岁的奥特里说,"因为我实在非常喜欢这款车原本的声音。"

俱乐部的另一位成员,46 岁的保罗·洛卡(Paul Rocha)拥有两辆 2001s 款布利特和一辆 2008 款布利特,在谈到 2001 年入手第一辆布利特(当时的设计师们也在这款车的排气音上下足了功夫)时他说:"我那时在两个不同的经销商那里看车,他们都把这款车停放在了展厅里,"后来,他发现一个小镇的经销商把一辆布利特放在了停车场,"在那之前我一直对经销商们态度强硬,但是当这位小镇的经销商把车钥匙给我,我坐在车里,打火,几乎是立刻就确信——我要这辆车。仅仅是这声音,然后是关于它的所有一切。在我启动它,听到它发出的声音的那一刻,我知道我必须拥有它。"

洛卡、奥特里以及其他野马发烧友在讨论布利特时(无论是电影中的还是再版车),谈起自己拥有的第一辆野马,形容颜色、年代、车型时都是轻描淡写。布利特以及其他限量版野马的一部分作用,是触发人们对之前车型的回忆。当被问及那款新布利特听起来是否就像电影中的车一样时,洛卡说:"我觉得,在今天,你永远不会得到一辆引擎声听起来像老式 V-8 那样的汽车,不过确实,布利特让我回想起了那个声音。"

大多数人都认同肖恩和福特找到了正确的声音,而这声音能够让人们回忆起 1968 年电影中的追逐场景。"在我看来,电影中的原版声音像是滚石乐队的歌曲,"肖恩说,"你可能永远都不会再去创造一首滚石歌曲,但是,稍作回忆却很是甜蜜。"

布利特利用声音激发了一系列反应——首先你听到布利特那独特的排气声,然后开始注意到整辆车不同寻常的地方。你可能注意到喷漆,然后想,这车是绿色的么?你可能注意到细节上的微妙缺失,进气格栅上没有小马标识,没有镀铬镶边——视觉的空白也让这车与众不同。如果你坐进去亲自驾驶一番,就会立刻感觉到一种不同的隆隆声。"大家的评论之一就是,能感觉到这个声音。有人说,'我感觉到它好像在我的脑口跳动,仿佛置身摇滚音乐会。'"肖恩说。通过设计,它的轰鸣声比传统野马车的音域要低。实际上,肖恩和他的团队走在一条精准的标准线上,既要让车听起来强而有力,又不能让驾驶过程中的声音太过恼人。他们将这称为"糖果"——"如果你吃得太多,它会让你牙疼。"你不需要依靠那持续不断的强烈轰鸣声,才能意识到自己坐在一个机器猛兽之中。这就像是,在你已经吃够了廉价冰激凌的时候,还会一遍遍听到窗外富豪雪糕卡车的歌曲。

肖恩帮助福特打造 2008 款布利特的音爆时刻有几个关键点：首先，他想到了一个能够从背景跳跃到前景的声音。它向外发散，吸引你的注意。如果你有一点在乎汽车，就会情不自禁地感受这个不寻常的排气声，它吸引了你的注意。你可能想，这是什么？然后转过头。你的好奇心被点燃了，所有的刺激准备就绪——没有福特或野马标识（视觉空白）更加剧了你对这款车的好奇，很多其他线索开始帮你将故事拼合在一起：厚重的气阀、绿色的喷漆，还有车轮。那嘶哑的咯咯声在将所有的视觉证据召集在一起的任务之中，扮演了重要的角色，这是与音爆时刻相关的显而易见的力量。然后这声音也帮你回忆起了那部经典电影中标志性的汽车。从这里开始，是一个小小的跳跃，跳跃到那部电影以及电影中的座驾给你的感觉之中。"我试图引导情感。"肖恩说。既然福特无法打造一辆与 1968 款布利特一模一样的复制品，声音就成了最有效的工具，它帮我们营造出了影片中那辆车的感觉。"我希望给人们带来一种本能的体验。你正在创造一些新东西，即使它与每个人记忆中的历史有细微差异，这也是能够被人接受的。将它们混合在一起，你就有了一个经验。"

BOOM *Moment*
音爆时刻

既然福特无法打造一款与1968款布利特一模一样的复制品，声音就成了最有效的工具，它帮忙营造出了电影《警网铁金刚》中那辆车的感觉。

声音，产品的调味剂

冰激凌卡车、野马跑车和 Chili's 的菲希塔铁板烧有什么关系？千丝万缕。这些声音背后精明的设计师、工程师、普通的企业主都创造了教科书般的音爆时刻。冰激凌卡车运营商、野马工程师故意为之，而 Chili's 很幸运，它发现了声音这一秘密"调味品"。

它们都从引人转过头来开始。叮叮当当的冰激凌卡车音乐穿透了炎炎夏日燥热的空气，即使你无法立刻分辨出它们从何处传来——这就像是菲希塔铁板烧的声音穿过了唧唧喳喳的聊天声，盖过了拥挤的休闲餐厅内的音乐一样。2008 款布利特野马排气管的轰鸣声也引起了人们同样的扭头动作——因为这声音划破了车流的噪声，拥有比一般现代汽车（甚至是一般野马）更大胆的频率。

然后所有这一切引爆了多感官的连锁反应。这也是音爆时刻的重要部分。眨眼之间，这些声音吸引了视觉、嗅觉、味觉，这些感觉又帮助你理解发生了什么，以及你该如何利用这一信息。就冰激凌卡车来说，它来自记忆——充满童趣的曲调唤醒了脑海中明亮的蜡笔色彩般的冰爽盛宴，以及在炎炎夏日之中冰凉撞击舌头的感觉。布利特野马排气管的声音，让你理解已经呈现在你眼前的事物，它帮你回忆起，你第一次看到史蒂夫·麦奎因驾驶他的 1968 款野马疾驰在旧金山的山丘上如履平地。

与此相似的是，铁板烧的"嗞嗞"声与空气中弥漫的香气、西南主题装饰相得益彰。我打赌，本章虽只是稍提了几句这种体验，你仿佛已再一次闻到、品尝到了菲希塔。

1984 年，Chili's 创始人拉里·拉文 (Larry Lavine) 在推出自家菲希塔铁板烧时，并没有花钱买来一堆 fMRI 图像。1975 年 3 月 13 日，他的第一家 Chili's 在得克萨斯州的达拉斯开张时，他已经摸索出了在餐厅工作的一些经验。更重要的是，当他偶然发现了音爆时刻的时候，就立刻认出了它。在那之前的很多年，他尝遍了当地餐厅各种无声版本的菲希塔，但都没有特别惊艳的感觉，因为"他们没有把食材放在嗞嗞作响的烤盘上。他们把这道菜做得虎头蛇尾，而自己却没有意识到"。

拉文第一次真正听到菲希塔的声音，是在附近一家名为"On The Border"的达拉斯餐厅（后来 Chili's 母公司将它招至麾下）。"他们改变了这道菜，把食材放在了炙热的烤盘上，"拉文说，他很快意识到这声音如何改变了体验。"他们创造了这一理念。"正应了餐馆们互相借鉴的传统，拉文决定在 Chili's 的菜单上添加这一菜品的简单版。没有花哨的调料，不需要高档肉，仅仅靠一些声音。"我们马上就看到了这嗞嗞声带来的差异。"他说。

剩下的都已写在了历史之中，"菲希塔狂热的夏天"。

"在餐馆中，很难想到这样的创新，"拉文说。年近耄耋的他正在开发一家烧烤概念餐厅，餐厅中央放有噼啪作响的火坑，而食物就在这里烤制。"能够发出声音的食物没有多少，所以它能脱颖而出……这里有气味、画面和声音。如果它穿过餐厅，那么一定会有人问'那是什么？'"

所以，为什么在提起菲希塔的时候，你会想起 Chili's？套用那条老广告语，Chili's 卖的不是牛排，而是那"嗞嗞"的酸爽。

SONIC BOOM

03
声音里的场景
用耳朵找线索

> 在各种各样的互动中，我们收集着来自人或事物的声音输入，这些输入过程会远早于我们形成对外表的感觉。从细碎的声音中获得的信息，会与它带给我们的感觉，以及它让我们回想起的经历融合在一起。

how sound transforms the way we think, feel, and buy

扫码开启本章视频

时间退回到1999年，导演弗兰克·达拉伯恩特（Frank Darabont）在拍摄《绿里奇迹》（The Green Mile）。当时，剧组的服装师曾为一个问题专门拜访了传奇鞋匠帕斯奎尔·法布里奇奥（Pasquale Fabrizio，他的家族在洛杉矶经营帕斯奎尔修鞋店已愈五十载）。

　　《绿里奇迹》的故事场景设定在20世纪30年代一座监狱的死囚监舍。汤姆·汉克斯（Tom Hanks）在片中饰演一位狱监，需要穿一双年代感十足的老式工作靴。在拍摄一个阴暗场景时，汉克斯需要走过整条长廊（也就是绿里），到尽头那间放有电椅的行刑室里为囚犯执行死刑。这时，他的靴子开始吱吱作响，这声音分散了导演的注意力。据帕斯奎尔回忆，那位服装师带着这双靴子找到他，请求他去掉那吱吱声。这是老式皮鞋的通病——靴子中间部分的金属结构可能已经生锈、弯曲或松动，声音就是从这里发出来的。帕斯奎尔把靴子拆解开来，替换病灶，然后把它们拼装如初。

可几个月之后，这双靴子又被重新送回到了帕斯奎尔的店里。那时，导演正在补拍一些镜头，他又想重新找回那声响。"这吱吱声增加了情节的戏剧性。"帕斯奎尔说。一般来讲，像这样的电影场景，应当去除所有的背景音，把焦点集中在故事情节上。◀01

尽管达拉伯恩特告诉我他对《绿里奇迹》的拍摄细节已经记不清了，不过在他看来，把安静场景中靴子的噪声去除，听起来的确像是他会做的事情。"像这样反复出现的声音会严重分散注意力。如果在电影的后期制作中，导演对音效编辑说，'伙计们，你们得把那些该死的吱吱声都去掉！'这会给他们增加很大的工作量。"

不过，对于把靴子送回鞋匠手中找回吱吱声的这段故事，这位大导演有些怀疑。"在我看来，我宁愿在后期添加这样的东西，因为这样才更精确，"达拉伯恩特说，"起码我现在是会这样处理的。"不过，他的确记得声音在这部电影里，以其他一些方式起到了重要作用。"比如在拍行刑过程中电椅开关被拨动的时候，我想要那种非常独特、有震撼力的'电流'声，"他说，"我希望它听起来很强大，很可怕，仿佛一只咆哮的、贪婪的野兽被释放了出来。除了声音底层厚重的低音，我还想添上一些高音元素，我对音效师这样描述——就像是电流中掺进了'尖叫着的恶魔'。如果用一套不错的音响系统播放，你会发现所有的声音层次都被出神入化地编织在了一起。是的，你会听到电流之中，恶魔那凄厉而高亢的叫声。"◀02

无论具体情况究竟如何，在达拉伯恩特导演看来，他利用声音的力量提升了这个故事的戏剧性。不过对你来说，并不是只有走到电椅旁边才能体验到日常细小声音的强大力量。这些声音不仅仅会出自鞋子这样的物体，也可以来自于人。在办公室、教室或是生活中，你的身边有没有什么人打喷嚏的声音很搞笑？也许会是一个有些沮丧、爆破而出的"啊嚏"！或是一个伴随着喘息、带着一丝卡通化歉意的"啊——啾"？每个喷嚏声都讲述着一个关于它主人的故事——她的大胆鲁莽，或是他的温顺克制。想想你认识的人中，那个有着传染力笑声的人。然后再想想塞斯·罗根（Seth Rogen）[①]的笑声。罗根的笑声已经成了他的标志性特征，可倘若在一次飞跃整个美国的航班上，你的身后真坐着这样一个人，想必也会难以忍受吧。◀03

声音每时每刻都在指导着我们。在各种各样的互动中，我们收集着来自人或事物的声音输入，这些输入过程会远早于我们对外表形成的感觉。从细碎的声音中获得的信息，会与它带给我们的感觉，以及它让我们回想起的经历融合在一起。我们每个人都在以极快的速度不断计算着周遭的一切，然后据此选择究竟向谁倾诉、听谁的诉说，又该去信任、同情谁，向哪个人寻求帮助，甚至是在公共汽车上选择坐在谁的身边。

即便拥有这些自动的声音处理能力，你也只会有意识地注意周围声音中很小的一部分。读到这里，做好准备，你

BOOM *Moment*
音爆时刻

每天的每个时刻，声音都在指导着我们。在各种各样的互动中，我们收集着来自人或事物的声音输入，这些输入过程会远早于我们对外表形成的感觉。

[①] 加拿大籍喜剧演员、编剧。——译者注

可能会开始注意到更多的声音。起初，你可能会觉得生活中的声音变得大了些。不过，开始感知到更多的声音只是第一步，你还将学习如何更好地去利用有用的声音，放弃那些没有意义的。

首先，要像弗兰克·达拉伯恩特和帕斯奎尔·法布里奇奥那样，去思考你自己的脚步声。当它与预期一致时，你会觉得这声音理所应当——踩在水泥地上时会有坚实的回声，踏在木地板上时会有中空的咚咚声，走在毛绒地毯上则悄然无声。而如今，人们走路时大多盯着的不是脚下的地面，而是手中的屏幕。每走一步产生的声音（以及声音来源的颤动感觉），会帮助人们在行走时判断什么时候需要留心脚下。如果你的脚下有一定的震动，却突然没了声响，或是声音反馈变得轻柔，那么你很有可能是不小心踩到了什么。

举例来说，在纽约，脚下突然传出的金属哐啷声会让你迅速意识到自己踩到了别人地下室的金属门，从而加快步伐，或是轻轻一跳。大多数纽约市民都听说过一些关于这种门的恐怖传说，它们会突然打开，然后行人顺势坠入，摔进黑洞。或者是在深夜，身后黑暗的小巷中传来的一阵脚步声会让你毛骨悚然，担心有人想要打劫或者袭击自己。你加快步伐，然后竖起耳朵，听着身后的脚步声是否也有了相同的变化，即使你并不敢回头。

在现代生活中，你从这种功能性声音里便已获得很多或重要、或琐碎的故事，更不必说在与科技、机械打交道时遇

BOOM *Moment*
音爆时刻

如今这个时代，人们走路时大多盯着的不是脚下的地面，而是手中的屏幕。每走一步产生的声音（以及声音来源的颤动感觉），会帮助人们在行走的过程中判断什么时候需要留心脚下。

03 声音里的场景
用耳朵找线索

到的声音。你的汽车会通过简单又有些恼人的"哔哔"声提醒你系好安全带。根据 2009 年美国国家高速公路交通安全管理局（NHTSA）的报告，正是这样一个简单的声音，让安全带的使用率增长了 3%~4%，"人们认为配有更积极的显示提醒和频繁报警模式的系统最为有效，而声音的提醒效果则要优于可视化显示。"或者想想开会的时候，口袋里手机"嗡嗡"的震动声告诉你妻子发来了短信。走廊中传来的一阵高跟鞋声让你确信老板马上就要到你的办公室了（不过她可能也会利用这一点来吓你）。想要好好利用这些信息，你并不需要去寻找，或是主动关注这些信息量丰富的声音。

善用有意义的，放弃无意义的

美国陆军中校罗伯特·贝特曼（Robert Bateman）说："在伊拉克时，我第一次注意到了声音。"贝特曼是一位军事历史学家，毕业于西点军校，曾经多次前往伊拉克和阿富汗战区。第一次去伊拉克时，贝特曼住在巴格达市中心。声音会在建筑间反弹，在小巷里穿行。通过仔细倾听这些声音的细节，他获得了大量有价值的信息，比如分辨谁在战斗，谁取得了胜利，或是这场交战将在什么时候结束。他能够根据声音指出交火或爆炸位置的方位，误差范围仅为 15 到 20 度。

炮火声提供了信息。"你能够判断出一方的弹药是否将要用尽，因为他们的射击速度会减慢。"贝特曼说。美国武器本身就具有独特的声音，M4、M16、和 M249 都是 5.56 毫米小口径步枪，这意味着它们具有相对较高的射速和较

BOOM *Moment*
音爆时刻

仔细倾听战场上各种声音的细节，可以获得大量有价值的信息：比如是谁在战斗，谁取得了胜利，这场交战将在什么时候结束……

小的弹药直径。贝特曼介绍说，"这种武器的声音更尖"，相比之下，叛军或伊拉克、阿富汗部队则采用较为古老的AK47，这种7.62毫米口径的枪支"更大，声音也更低、更沉"。

在战争中，除了枪炮的声音，枪炮声爆发的频率和样式也在给贝特曼传达着一些信息。比如，如果美军部队遭遇简易爆炸装置的袭击，会先听到"轰"的一声，然后是一阵静默，随后过一阵也许会传来激烈的枪声，但并不总如此。如果伊拉克特警部队遇袭，爆炸声后大多是一片死寂，然后偶尔会有一些持续的枪声。"但是如果伊拉克军队遇袭（这些士兵的纪律性往往要差一些，更喜欢开枪），他们会做出我们所说的'死亡绽放'①，向周围随机扫射，打光自己的全部弹药。"贝特曼表示。他甚至可以在战斗报告送达之前，就判断出几公里以外刚刚发生了什么。◀05

战争的声音究竟是怎样的，只有上过战场的士兵才能学到，贝特曼补充道。在演习训练中与同胞部队交战时，两方都会使用相似的枪支和弹药，采用相仿的战术，而战场上则大不相同。贝特曼所了解的演习中，没有哪个会涉及声音技能，可自古以来，这便是真实的战场上不可缺少的一部分。

军事中的声波情报并不仅限于对外部声音的分析。1944年，美军3132特种信号服务公司与贝尔实验室的工程师合作，为诺克斯堡（Fort Knox）的步兵部队录音。然后他们

---

① Death Blossom，出自电影《最后的星球斗士》。——译者注

将这些音频混合，通过布设在战场上的扬声器阵列播放出来。这些声音会让德军误认为战斗正在某一方位进行，或即将面对的是 30 万敌军（其实远没有这么多）。这种声音最远能够传到 24 公里外的地方，自诺曼底登陆至战争结束，被美军广泛使用。这 1100 名用声音力量（外加视觉形式和戏剧形式的欺骗）打仗的步兵，也被称为幻影部队（Ghos Army）。

> **BOOM** *Moment*
> **音爆时刻**
>
> 声音是人们潜意识的说明书，在各种各样的情况下，提供线索，指导行为。

不过，你并不需要总盯着枪杆子来体会声音的力量。人类神经系统会自动进行调节，判断是"战斗－逃跑"反应，还是日常的决策。声音是人们潜意识的说明书，在各种各样的情况下，提供线索，指导行为。

当声音与食物相遇

零售商和餐饮业也开始重视声音对自身业务的作用以及对客户、员工的影响了。加利福尼亚州伍德兰希尔斯地区一家名为"指令性音乐"（Prescriptive Music）的公司，收到了越来越多来自餐厅和连锁企业的定制音乐列表业务。它的客户中不乏在美国有名的鲜味汉堡（Umami Burger）——你可能看到过这家连锁餐厅的店铺（或者听过他们的摇滚乐）。

比尔·蔡特（Bill Chait）拥有包括 Short Order、Playa 在内的多家洛杉矶餐厅。在他看来，音乐是餐厅体验中一种关键的初期调味料。2012 年，在接受《洛杉矶时报》采访时，蔡特曾表示："在人们眼中，餐厅音乐会反应出这里是否适合他们。"食客会把就餐的餐厅和音乐联系起来，与此同时餐厅雇员也会做同样的事情。厨师们一向喜欢在后厨利用声音的能量。纽约市 Recette 餐厅的大厨杰西·辛克（Jesse Schenker），因喜欢在烹调过程中播放 Tool 乐队和 Metallica 乐队的重金属音乐而闻名——这几乎是他每道菜品的一剂调料。负责下单的服务员很清楚，倘若自己在辛克随着音乐甩头的时候打扰他，肯定会倒大霉。

同样地，在曼哈顿的 City Winery 餐厅里，音乐和食物也发生了碰撞。2012 年，WXRT 电台节目总监诺姆·温纳（Norm Winer）联手 City Winery 饮品主管雷切尔·德莱尔·斯宾坎（Rachel Driver Speckan），成功打造了"20 首歌，20 种酒"活动。他们将饮品与乐曲相互搭配，用这样的跨界碰撞述说灵感——在此之前，"音乐品味"很少能够得到与字面意义如出一辙的演绎。明星厨师、朋克发烧友安东尼·伯尔顿（Anthony Bourdain）在他的《厨室机密》（*Kitchen Confidential*）一书中也曾提到，在他的厨房中播放比利·乔尔（Billy Joel）①的歌，可能会被炒鱿鱼。

实际上，声音的确能够影响我们对味道的感觉。联合利华集团（Unilever）旗下拥有 400 多个品牌，其中不乏备受大众喜爱的德芙、立顿、PG Tips、Ben and Jerry's。2012 年，这家英荷跨国公司与曼彻斯特大学合作，研究噪声对口味的影响。

BOOM *Moment*
音爆时刻

音乐是餐厅体验中一种关键的初期调味料。在人们眼中，餐厅音乐会反应出这里是否适合他们。食客会把就餐的餐厅和音乐联系起来，与此同时，餐厅服务员也会做同样的事情。

03 声音里的场景
用耳朵找线索

---

① 美国 20 世纪 80 年代著名的流行音乐歌手。——译者注

BOOM *Moment*
音爆时刻

声音能够影响人们对味道的感觉。实验发现,如果就餐时背景音乐让人享受,那么食客也会更喜欢盘中的饭菜。相反,80分贝的白噪声则会让人们对味道的感知变得迟钝。

实验发现,如果就餐时背景音乐让人享受,那么食客也会更喜欢盘中的饭菜。相反,80分贝的白噪声(大致相当于搅拌机、洗衣机发出的声响)会让人们对味道的感知变得迟钝。这种噪声下,人们总会觉得盐或糖放得不够,不过更有趣的是,同种噪声下却会觉得食物更脆。这项研究记录了大量声音与烹调菜品的搭配分析。比如,如果想展示酥脆,那么就使用白噪声;若是想要让食客欣赏微妙、复杂的口味,那么记得背景音乐要有节奏。换句话说,声音是就餐时一个重要但又经常遭到忽略的因素。

现实中就有一个活生生的例子,而且你很可能已经深有体会。你觉得飞机上提供的饭菜如何?实在是有些食之无味吧?除了飞机内低湿度以及机舱压力对人体的影响,联合利华的研究还发现,飞机餐味道寡淡的部分原因是发动机沉闷的声响——此类噪声会降低人对盐、糖及其他香料的敏感度,却会让人觉得食物变得更脆。这个结论可以帮我们解释为什么你可能会放弃航空公司提供的索尔兹伯里牛排,却要求空姐给你多拿一袋花生米。

提到对酥脆感的研究,牛津大学跨模态实验室(Crossmodal Research Laboratory)负责人查尔斯·斯宾塞(Charles Spence)算得上是这一领域最有名的专家。2004年,斯宾塞和实验心理学家马斯米拉诺·赞皮尼(Massimiliano Zampini)在《感官研究期刊》(*Journal of Sensory Studies*)上发表了一份《听觉信号对薯片脆度及新鲜度的作用》(*The Role of Auditory Cues in Modulating the Perceived Crispness* and Staleness of Potato Chips）的报告。

这项实验选用品客薯片作为道具——这种由土豆混合粉做出的薯片，无论是单个薯片内，还是不同薯片间，都保持了近乎完美的一致性。实验过程中，志愿者被要求头戴隔音耳机品尝薯片。咀嚼薯片时发出的清脆声会通过麦克风传出，然后再通过耳机传回到志愿者的耳朵中。研究人员操纵部分清脆声，让它们更大声，或者调整某些声音的频率，这样，志愿者在他们的耳机中就会听到一种更加酥脆的声音。实验过程中，志愿者通过操作脚踏板调整评分表，为自己吃到的薯片的脆度、新鲜度打分。

斯宾塞和赞皮尼发现："无论是增强整体音量，还是对高频声音（2~20 000 赫兹范围内）选择性增强，人们对薯片的评价都是更新鲜、更酥脆。"换言之，嚼薯片时听到的声音更响、更脆，人们就会认为薯片更新鲜。对脆度和新鲜度的感觉，实际上是来自人们的耳朵。

在薯片实验后，斯宾塞仍执著于这一领域。另一个趣味性超过科学意义的实验中，斯宾塞与全球评分最高的餐厅之一英国肥鸭（Fat Duck）的厨师赫斯顿·布鲁门塔尔（Heston Blumenthal）合作，希望衡量声音对口味的影响。

实验用到了布鲁门塔尔大厨的培根蛋冰激凌（这道甜品摆盘搭配了油炸面包，不过这里所指的脆度针对的是培根）。在一次艺术和感觉大会上，斯宾塞和布鲁门塔尔让实验参与者品尝这款冰激凌，并对"鸡蛋度"和"培根度"评分。品

BOOM *Moment*
音爆时刻

嚼薯片时听到的声音更响、更脆，人们就会认为薯片更新鲜。对脆度和新鲜度的感觉，实际上是来自人们的耳朵。

03 声音里的场景
用耳朵找线索

尝过程中，人们会听到与鸡蛋或培根相关的声音。结果显示，播放煎培根发出的"嘶嘶"声时，人们往往认为培根味高于鸡蛋的味道；而播放鸡"咯咯"叫的声音时，人们却倾向于选择鸡蛋味更浓——想必听到这样的声音很容易意识到自己被人为操纵，可即便如此，也还是无法让自己摆脱这种声音的影响。 08-09

超市里的雷鸣声

除了提供信息以及影响感官，声音和音乐还能帮人们做出决策。想象清晨上班路上，你上了地铁或公交，发现车厢里有两个落单的空座——都挨着过道，到出口的距离也相等，邻座都坐着人。而且这两个人看起来也几乎一样：穿着相似，发型差不多，肤色也一样，并且都在看着报纸。

你打算选哪个座位？如果这两个几乎一模一样的乘客，其中一个轻咳了一声，你又会怎么选择？这轻轻的一声咳嗽会引出你心中一连串的疑问。他病了么，会传染么？难道是个烟鬼，今天一路上都要闻着他身上的烟味？保险一点，还是坐在那个没咳嗽的人身边，对不对？这一声不由自主的细小声音所传达出的信息，不仅会影响你对这个未曾谋面、从未交谈过的普通人的看法，而且已经足以影响你的行动。

当你在决定如何花钱或者如何消磨时间时，声音所具有的这种左右人行为的力量，就变得格外有效。

1999 年，苏格兰斯特拉思克莱德大学（University of

BOOM *Moment*
音爆时刻

一个不由自主的细小声音所传达出的信息，不仅会影响你对一个未曾谋面、从未交谈过的普通人的看法，而且已经足以影响你的行动。

Strathclyde）的克莱尔·考德威尔（Clare Caldwell）和萨莉·希伯特（Sally A. Hibbert）联名发表了一份《再次奏响：音乐节奏对消费者在餐厅行为的影响》（*Play That One Again: The Effect of Music Tempo on Consumer Behaviour in a Restaurant*）的研究报告，这份报告流传甚广。他们发现，在餐厅用餐时，听慢节奏音乐的食客比听快节奏音乐的食客用餐时间平均多花 13.56 分钟。他们还发现，如果音乐节奏继续变慢，消费者用餐的时间会"显著延长"。考德威尔和希伯特的研究建立在先前一些对消费者在商场、零售店和自助餐厅所花费的时间和金钱进行研究的基础上。20 世纪 80 年代，著名的市场营销教授、研究员罗纳德·米尔曼（Ronald E. Millman）发现，超市播放慢节奏音乐时，销售额要比播放快节奏音乐高 38%。

之所以要使用这种方式进行研究，很大程度上是因为这是一种对刺激做出的真实且可量化的反馈。响亮的快节奏音乐确实能起到刺激的效果。Foo Fighters 乐队或者 U2 乐队的音乐让你有种迫在眉睫的感觉，佩里·科莫 (Perry Como) 的音乐就没有那么急迫。另外，你的大脑一直在试图为听到的声音寻找对应的模式。当听到熟悉的流行音乐结构被改变时，大脑就会活跃起来。Foo Fighters 乐队就是利用这种反应的高手。他们先以重复的、流行度高的音乐结构吸引听众"上钩"，然后在恰到好处的时间点，创造性地改变音乐结构——这也属于另类摇滚的范畴。研究人员发现，**当消费者受到音乐的刺激更多时，就不太可能多花时间去购物，继而**

BOOM *Moment*
音爆时刻

在餐厅用餐时，听慢节奏音乐的食客，比听快节奏音乐的食客用餐时间平均多花 13.56 分钟。如果音乐节奏继续变慢，消费者用餐的时间会"显著延长"。

导致消费过程变快。消费时间的缩短就意味着消费金额的缩水。[10-12]

然后是空间本身的声音,它能够以各种有效的方式影响消费者的行为。对于一些建立在消费者体验基础之上的业务,空间里的声音变得尤其重要。商家的目的不再只是吸引消费者,而是说服他们多停留一会儿。

Chipotle快餐店里的声音

墨西哥风味快捷连锁餐厅 Chipotle 便是代表之一。它既不是自助式餐厅,也不是普通餐厅。普通餐厅用餐区的音乐柔和,鞋子踩在木地板上会发出咚咚声,墙壁上挂着油画;自助餐厅里,食客将硬质塑料托盘滑过金属轨道,向带着玻璃防鼻息罩的服务生索要食物,金属椅子在亚麻地板上摩擦,发出刺耳的声音。在这里,食客们填饱肚子,然后走人。尽管同样是大批量、流水作业式的服务,Chipotle 旨在为消费者提供比普通的"填饱肚子走人"类型的餐厅或自助餐厅更为精致的服务。在那里,你会发现一整套对比强烈的视觉设计——白砖墙、灰色或金属地板,以及木制装饰品。

多数位于闹市区的 Chipotle 餐厅布局都是狭长的矩形空间。打开餐厅门后,你得在矩形的末端排队,沿着墙壁向位于前端的食物柜台缓缓移动,然后给自己点一份墨西哥玉米卷或卷饼。在前进的过程中,你会经过坐在中部区域正在用餐的人们。这种座位安排有两个用意:

一则给消费者的感觉不那么像一个快餐店，相反更像一间普通餐厅，因为人们在享受餐点前，会在餐厅里等待；

二则消费者可以在点餐前看到并闻到食物，这会让他们产生期待。

除此以外，你还能听到中部区域播放着节奏欢快的音乐。Chipotle 建筑设计主管米克·麦康奈尔（Mick McConnell）表示："毫无疑问，这就是我们如此设计的原因。"

但是，曾经有一段时间，那个音乐却是一个麻烦。原本他们将音箱安装在正对入口和排队食客的一个木质盒子中。音乐从对面的墙壁反弹回来，打造出完美的"噪声风暴"，类似于在学校体育馆或室内篮球馆听到的声音效果。这声音响亮、尖利，导致坐在中部区域的人难以忍受，而在餐厅其他区域听到这个音乐却刚刚好。如果有其他位置，食客们都倾向于避开中间的位置。所以，麦康奈尔和他的团队（其中就有声音工程师）想出了一个解决方案：在音箱对面的墙上，安装由声阻材料制作的穿孔金属。从表面看，这个"装备"只是一个普通的装饰，但实际上，它是一个声音解决方案。经过处理后，这个声音明显减弱，人们又重新回到中部区域用餐了。

AT&T的门店音乐

最近，我与同事遇到了一个与 Chipotle 快餐店类似的挑战。一家 AT&T 实体门店邀请我们为它制作背景音乐。这家实体门店并非一般寻常的商店，而是位于芝加哥大道的旗舰创意商店。想要随便逛逛，买个备用电池或者电源适配器，在这家店恐怕很难办到。AT&T 将这家店作为科技生活展览馆，旨在帮助消费者活的健康，并让他们可以通过手机配件，比如由奥尔拉·基利（Orla Kiely）和詹姆斯·马歇尔（James Marshall）等本地设计师设计的专属手机壳，来表达自己对芝加哥公牛队和水牛城比尔队的热爱。马歇尔先生是一位芝加哥街头艺术家，他另一个更为人熟知的名字是戴立克（Dalek），创作了著名的"太空猴"（Space Monkey）卡通形象。一同展出的还有在模拟家居中配备的基于网络的新一代家居安保系统。

在门店的另外一个区域陈列着一辆未来互联汽车（Connected Car）。墙壁上的显示屏展示了芝加哥的大街小巷：来来往往的行人，甚至是一只在客厅里游走的猫——这一切都贴近生活，以人为本，而不是只关注技术。在这里，声音的任务是将一切补充完美。所以，我和同事决定打造一个声效版的欢迎体验。这里的声音必须出现在非常靠前的位置，让听见它的人停下脚步，随即在前门一改心情。这个声音不应是音乐。我们进行了一场创造性的头脑风暴，大家一致同意开发出一种声音版的鲁布·戈德堡机械（Rube Goldberg Machine）①——一种声音可以触发一种情绪，这种情绪又会引发行为，而行为又会导致更多的情绪和行为。同时，在声音事件之间安放足够的留白（即无声、寂静），让听众有机

BOOM *Moment*
音爆时刻

一种声音可以激发出一种情绪，这种情绪会引发行为，而行为又会导致更多的情绪和行为。

---

① 由美国漫画家鲁布·戈德堡所创的一种精密而复杂的古怪装置，以迂回曲折的方法完成一些其实非常简单的工作，但设计者必须计算精确，因为任何一个环节出错，都会造成连锁反应，令任务不能完成。——译者注

会猜想即将听到的声音。这就是一种惊喜因素。

我们构想出一种方案：使用两个不同长度的相交音轨，以一种诙谐的方式进行演奏。长音轨表现可能性的概念，而较短音轨则用来表现那些奇怪的声音波峰——烟火，香槟瓶塞弹出的声音，点题 AT&T 主旋律的声音（更多是创作颂歌时的磨砺和苦难）。之所以会选取两个不同长度的相交音轨，是因为不想让人们两次听到完全相同的一种体验。这里的随机性使得声音更具趣味性，也能避免员工终日听到一首歌曲单曲循环，从而有各种各样的声音兴趣点可以关注。我们明白，一旦有顾客"上钩"，就可以开始在商店门前给他们讲故事了。只需短短三秒钟，他们就会准备好接受一场新的购买体验，即使在此之前，他们没有看到任何一件产品。因为设计别出心裁，这家商店迅速走红，赢得了无数行业奖项。但更为重要的是，这家店成了 AT&T 的"灯塔式"项目，启迪人们关注人类成果和顾客利益本身，而非只专注科技。◀13

通常来说，AT&T 创新商店或者 Chipotle 快餐店中的声音处理都是事后之举，是企业在开始阶段忽略而后又亡羊补牢的部分。他们都曾认为，声音是预算中最不重要的部分。但是，他们都错了。

事实上，如果考虑到成本和收益的比例，声音往往是最能够四两拨千斤，也是最为有效的。照明、招牌、材料、建筑，打造这些元素的价钱，都没有考究声音来得划算。声音也是唯一一个能实时调整并显著改善体验的元素——它可以随季

BOOM *Moment*
音爆时刻

如果考虑成本和收效的比例，声音往往是最能够四两拨千斤，也是最为有效的。而且，声音也是唯一一个能实时调整并显著改善体验的元素。

节变化，也可以反映一天当中的某个时间，或某个特殊的情况。多数商家只是费力将自己的空间填满平淡无奇的声音，不求有功但求无过。结果就是，没有人会从这样的声音中感受到些许不同。这些声音或音乐不会影响人们的思考或行为。这些商区也可能是没有声音的，商家们忽视了太多机会。

Publix，用声音驱动消费

圣约瑟夫大学食品营销教授约翰·斯坦顿（John L. Stanton）博士表示："绝大多数超市都像葬礼一样无聊。你就好像一个迷失在小岛上的人，只想着补给物资。"你或许太过熟悉多数超市通常会播放的舒缓的音乐。有些副食店老板开始尝试在一天内特定时段播放特定音乐。斯坦顿认为：早晨的顾客通常年纪较大，商店就会播放摇摆乐或大乐团（Big Brand）的爵士乐；而到了晚间，年轻人开始出门用餐，这时商店又会播放快节奏的摇滚乐或流行乐。这些都是很好的初期尝试。[1]

比如佛罗里达州的连锁超市 Publix。如果去这家超市或者任意一家 Safeway 超市、Piggly Wiggly 超市、Kroger 超市，你可能就会碰到一种利用声音的奇妙可能，尽管你并未意识到它。你会在农产品卖区听到从菠菜和香菜的方向传来奇怪的隆隆声。同样是这种声音，让你徘徊在菲希塔铁板烧或者福特野马汽车周围。

在 Publix，"购物是一种快乐。"如果你在一个有 Publix 超市的国家长大，很有可能会唱出这句广告语。隆隆声后面会突然发出一声"咔嚓"的闪电声,随即是"哗哗"的下雨声。你转过头看到,仿佛一场暴风雨淋湿了胡萝卜和生菜。你也许还弄不明白,这些声音和货架上的食物有什么关系。但是,声音让食品"听起来"很新鲜。这里说的"新鲜",并不是菜农拿着花园软管去冲击你的沙拉,它是天然的。更准确地说,虽然这不是真正的天然,但听起来很有天然的感觉。然后,你就会情不自禁地联想到这些胡萝卜、生菜正在数公里外的某个农场里茁壮成长,努力地"吸吮"从天而降的雨水。

20世纪70年代,杰克·科里根(Jack Corrigan)获得了"自动蔬菜先生"(Automatic Vegetable Mister)专利,他在自己的商店试用过这套系统后,随后创立了美国Corrigan公司。杰克的儿子迈克·科里根(Mike Corrigan),同时也是这家公司的总裁兼CEO,他表示,公司现在为近半数美国副食店和几乎全部加拿大副食店提供设备。迈克还提到,这套系统十分受欢迎,如果确实有谁表达了不满,那么这个人应该是不知道系统将要开始工作,在伸手拿生菜时被吓了一大跳。为了解决这个问题,迈克和他的团队最初开发了一种功能——警告人们mist系统即将启动。但后来,他发现了声音中的一个商机,于是发明了我们今天听到的雷声音轨。他的Que音响系统,作为mist系统的子系统,还可以播放音乐,例如《雨中曲》(Singing in the Rain)。迈克对这一系统进行了实际运行观察,有了不小的发现。[15]

迈克提到:"我在商店里播放这样的声音,发现正在购物的消费者会相视一笑。如果你让消费者找对了情绪,他们

BOOM *Moment*
音爆时刻

如果你让消费者找对了情绪，他们会选择购买更多东西。

会选择购买更多东西。这个附件系统的总价是 500 美元，包括全套的动作检测器和全立体声。"虽说如此，整个系统基础版本的售价不过 250 美元。

迈克发明的这个工具，商家可以自由选择，用作自家运营策略的一部分。迈克表示，Que 系统并未如预想中那样推动了商家的业务。他补充道："我们做了 15 年，做出了 1GB 的声音。人们可以自己下载声音，但却没有人这样做。"迈克看到的声音中的机遇，被多数客户错过了——只有约 5% 的 mist 系统客户购买了 Que 系统。迈克还提到："我们可以让商家走过通道，走到某一点，但无法让他们自己走到下一步，然后意识到 Que 系统对他们来说是一种怎样的营销工具。"它一方面创造了一个传递声音的系统；另一方面向习惯于播放舒缓音乐的零售商们，巧妙地传递了使用声音的价值。这同样也是苹果的吉姆·里克斯所面临的挑战。不幸的是，迈克·科里甘不能溜进自己客户的商店里，给他们安装上 Que 系统。所以，聪明的人们一再错失了大量机遇。

约翰·斯坦顿教授认为："超市是这样一个行业，所有人一旦变成第二，就开始期待成为第一。"同样以 Publix 超市为例。本书联系的一位商店代表无法（或者不会）解释商店使用"风雨+雷鸣"声音的动机。同样，美国食品营销协会（Food Marketing Institute）也不会这样做。他们的代表建议，只将这个声音作为警告 mist 系统即将启用的提醒音。在农产品过道中的雷声是人们无法意识到的音爆时刻的典型例子。为声求声，成为经常被人忽视的机遇。人们通常会对

BOOM *Moment*
音爆时刻

人们通常会对整齐或易记的声音感到满意，但他们不会意识到，如果将声音用于驱动消费体验，它可以多么强大。

整齐或易记的声音感到满意,但他们不会意识到,如果将声音用于驱动消费体验,它可以多么强大。如果把那些商店播放的没有实际意义的摇滚乐改为完美契合特定时间的自然声音,会发生什么呢?如果在酒吧播放大型比赛呢?再或者,只是坚持音乐本身,如果一家商店在民族特色食品区域播放世界各地的音乐,巧妙地强调这种体验,情况又会如何?这家商店将会以相对低廉的成本,获得可观的收益。

Jungle Jim's超市的独特声音

如果 Publix 超市的声音没有像关注消费体验一样关注食品本身,又会如何?那样的话,Publix 超市或许会更像俄亥俄州的 Jungle Jim's 国际市场。

1971 年,詹姆斯·博纳米尼奥(James O. Bonaminio)在俄亥俄州汉密尔顿的一个停车场里摆起了农产品摊位。Jungle Jim's 是家庭业务的典范。为了区分詹姆斯和他的儿子,即公司创意服务总监吉米(Jimmy),雇员们给詹姆斯起了一个绰号叫作"Jungle"(热带雨林)。詹姆斯的生意现在已经做得越来越大,一处在费尔菲尔德(Fairfield),另一处在厄斯特加特(Eastgate)。第一家店 1974 年开设于费尔菲尔德,占地面积达 36 亩,仅农产品就占 6 亩。

在进入 Jungle Jim's 的那一刻起,就可以听到热带雨林的嘈杂声,动物们在林中嬉戏,远方传来有节奏的敲击声。在晶莹剔透的蓝色水池中,人工雕塑的小象鼻子里会喷出汩汩水流。置身商店,你或许会听到头顶上回荡的《今夜,雄狮已安眠》(*The Lion Sleeps Tonight*)。但是,在整个商店内,播放着 20 世纪 60 年代、70 年代、80 年代卫星广播节目中不同类型的音乐。音乐会以渐强或渐弱的方式在不同区域播放,以创造出一种动态的声音风景,当你离开某个区域时引起你的注意。甚至当你埋头寻找最好的胡椒或罗马甜瓜时,仍能听到 Jungle Jim's 的独特声音。 18-17

在农产品区,欢迎你的将是正在聊天的两个动画形象——操着美国口音的真人大小的玉米耳朵和一个总讲冷笑话的黄油棍。在麦片区,来自通用磨坊麦片碗(General Mills Cereal Bowl Band)的机器人版的 Lucky Charms 的小妖精、Honey Nut Cheerios 的小蜜蜂和 Trix 的小兔子,组合成小型乐队为消费者唱起小夜曲和流行摇滚。你也会听到 Chuck E. Cheese's 那只庞帕多发型的电子狮子,摇身一变成了糖果区的吉祥物。而伴随着笛声,穿着无袖长衫的罗宾汉(Robin Hood)①,正从他在谢尔伍德(Sherwood)森林的栖木上,欢迎顾客来英国食品区选购。 18-20

Jungle Jim's 也开辟了一些想想就很安静的区域:酒窖和可以进入的保湿贮藏室。它们是整个商店最安静的两个区域,唯一的声音就只有保持食物冷冻的空气发出的"嘶嘶"声。

尽管声音并不是卫生间里的主角,但卫生间也提供了一种独特的体验。从外面看起来,这些卫生间就像是可移动厕所,但实际上,它们是进入完整设施的入口。当你看到一大堆人从那个看起来好像单人坐便器一样的厕所里一起出来

---

① 英国民间传说中一位劫富济贫、行使仗义的绿林英雄。——译者注

时，效果是不是很惊人？2007年，经过商用卫生间产品制造商Cintas票选，这些卫生间荣获了"美国最佳卫生间"头衔。

在一天结束的时候，Jungle Jim's就成了一家超市，开始响起典型的超市声音——叮当作响的手推车声，盒子被撕破的声音，玻璃纸袋子的沙沙声，冰箱门打开时的吸力声，以及玻璃碰撞声。但是，你也有可能听到楼上正在上烹饪课时发出的鼓掌声，或者放大了的市场导购声；或是一位爱开玩笑的员工通过广播呼叫一位名叫"弗兰基屎"的经理；又或是木槌重击刚从水池里捞上来的鱼的响声；你也会偶然听到一只小鸟在旷野寻路的唧唧声，混杂着三只机器乌鸦的声音。另外，你还常常能听到人们讲着英语之外的语言。Jungle Jim's的导购经理安妮·伯克哈特（Annie Burkhart）提到："我们是多元文化的一部分，真实的食物是最令人愉悦、最令人难忘的部分之一。"

每周大约有5万人光顾Jungle Jim's。据报道，Jungle Jim's的年营收几乎达到了9 000万美元。即使方圆15公里内有8家沃尔玛，也不会有人担心Jungle Jim's的业绩会被沃尔玛偷走。要知道，两家店最近的时候，距离不过几公里。

Jungle Jim's目前已经发展得足够大，拥有自己的邮编，并且像其他大型连锁超市一样大量采购。但是，规模和价格并不是这里的主要卖点。在Jungle Jim's购物的快乐之处在于，并不会让人感觉像在副食店购物一样只想到食物。真正的秘诀是：声音、视觉、气味和其他一些东西，将购物这件苦差事变成了游览主题公园。

BOOM *Moment*
音爆时刻

Jungle Jim's是一家超市，它能够与沃尔玛抗衡的原因在于，它用声音、视觉、香味和其他一些东西，将购物这个苦差事变成了游览主题公园。

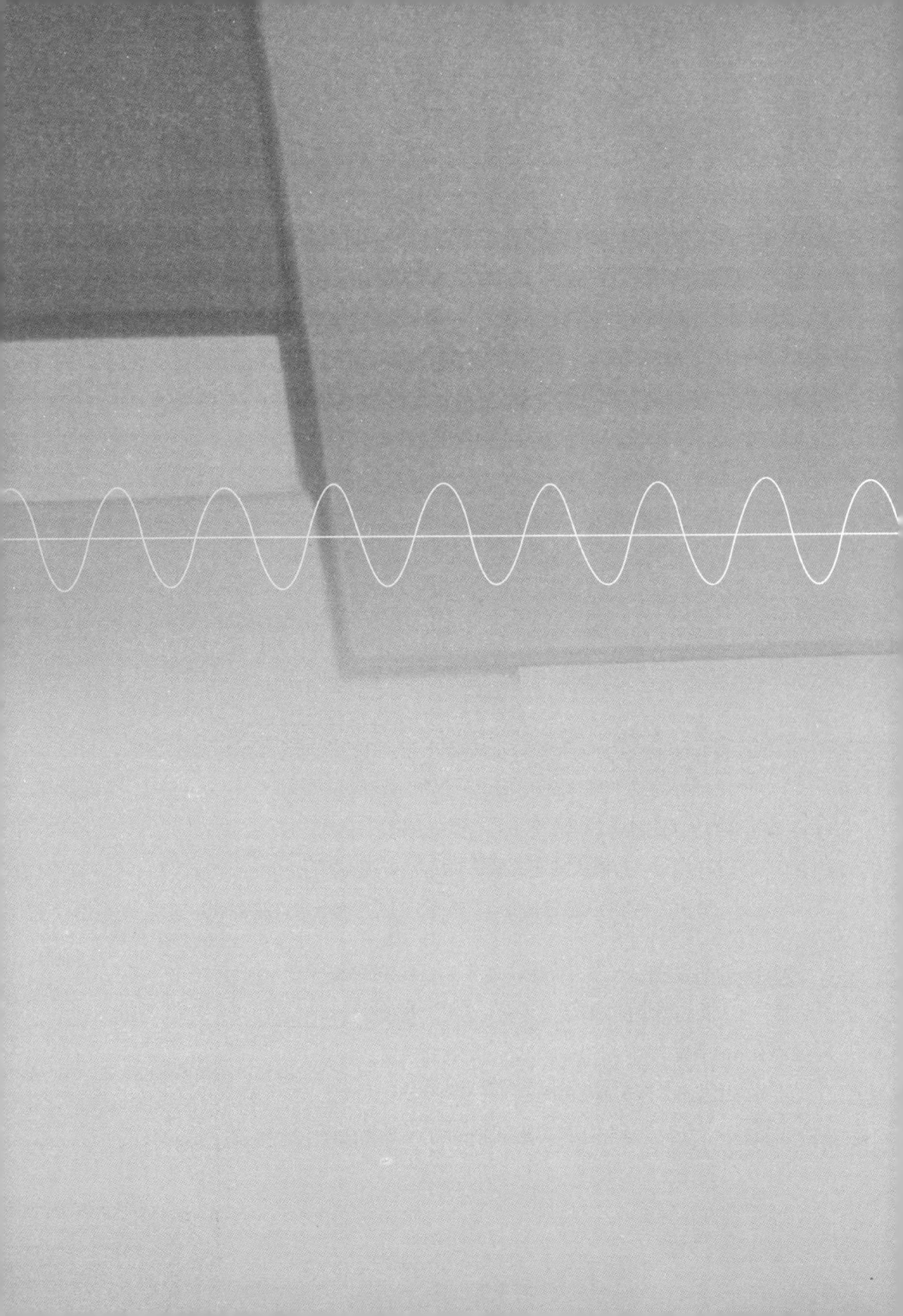

SONIC BOOM

第二部分 |

BOOM

释放声音的场景影响力

how sound transforms the way

we think, feel,

and buy

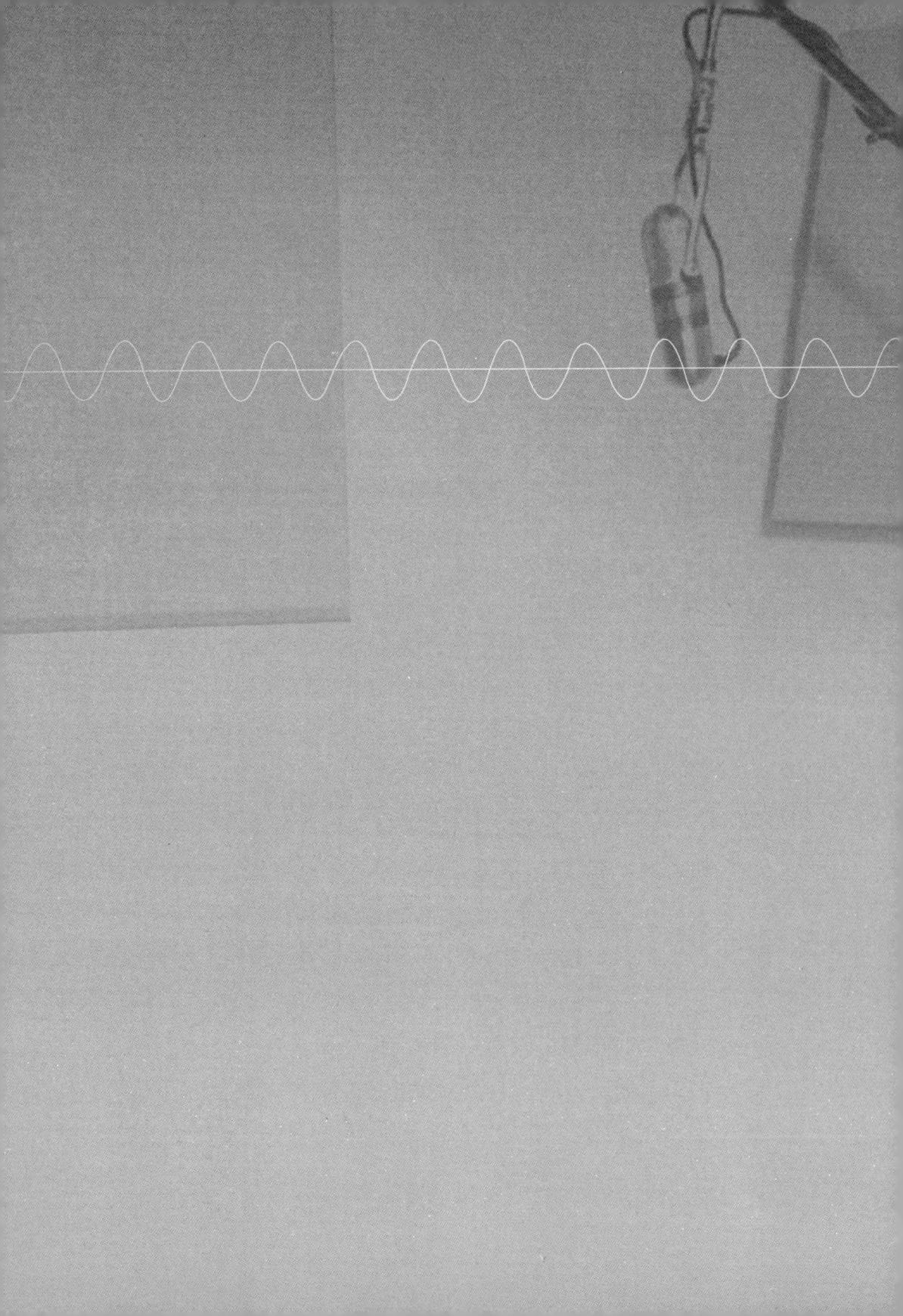

SONIC BOOM

04
6 大原则
将声音的场景影响力最大化

> 声音品牌化原则将为你打通走向各种声音可能性的道路。当你已经了解所有能做的事情，以及在哪里可能出现问题的时候，你就可以放手去开发属于你自己的声音——为你的品牌、信息或你自己，打造独一无二的声音。

how sound transforms the way
we think, feel, and buy

扫码开启本章视频

在专业人士看来，所谓声音品牌化，就是兼顾战术和战略，从全盘角度出发使用声音，以获取明显效果的过程。虽然声音品牌化可能仍是一个相对较新的术语，不过，过去几十年，睿智的声音创造者们已经凭借直觉将声音品牌化完美的付诸实践，并留下了可供参考的信息。不过，即便在这个时代，当人们执着于将各种事物编写成6步、7步或20步的程序时，很多人却仍然在声音的领域里摸着石头过河。他们对声音来了一个囫囵吞枣，并没有透彻地思考声音带来的（或毁掉的）真正的体验。

不难相信，你已经知道声音是如何工作的了——毕竟，当听到一段充满意义的音乐或朗朗上口的广告曲时，任何一个人都能这样说。想想流行音乐，一首欢快的法瑞尔·威廉姆斯（Pharrell Williams）或凯特·佩里（Katy Perry）的歌曲可能听起来极其简单，但是

声音品牌化

企业创造或强化那些打破陈规的声音触发器，以此捕获消费者的注意力，然后利用这些注意力唤醒消费者头脑中与品牌相关的正面体验。

创作一首流行歌曲却是一个充满了挑战的微妙过程。这种创作大部分是在其中加入动听的、令人难以抗拒的流行副歌。而当你需要声音做更多的时候，比如与品牌匹配，或者传递具体的信息——那么，你现在谈论的就是一项严肃的手艺。 01-02

本章概述了声音品牌化的基本原则，它们具备一定的普适性——品牌经理、经销商、广告商可以借鉴，企业主、建筑师、派对策划师以及任何与声音打交道的人同样可以参考，并且一样有效。

原则1，受众喜欢不等于品牌适用

品牌化背后的理念就是，公司或者产品、服务的制造商能够讲述故事，或将自己的产品定位为他们故事中有用的组成部分。关于声音，最重要的问题是它是否让你有所感觉，它是否能唤起你脑海中某个具体的回忆或故事？如果不是，那么这个声音很可能没有实现一个明确的、策略性的功能。

一些品牌用声音和音乐连接文化体验，并且成为一个团体的神经系统的一部分。

- Doc Martens是朋克一族的"最佳战靴"
- Chuck Taylors是独立摇滚的鞋子
- Vans是滑板和冲浪文化中的运动鞋 03
- 阿迪达斯在嘻哈的黄金年代成为了必备装备

其他厂商在这个方面则一败涂地。他们犯了错误，混淆了自己的受众所喜欢的音乐，以及能够创造与品牌故事更有意义的情感联系的声音。

The most important question to ask about a sound is whether it makes you feel anything.

关于声音，最重要的问题是它是否让你有所感觉。

塔夫茨大学心理学副教授安尼鲁德·帕特尔（Aniruddh Patel）致力于研究声音体验在电影中的出现方式。在他与同事进行的一些实验中，他们会选择一部电影的剪辑短片，然后更改配乐——这些在YouTube上也曾出现过，总是有着极其滑稽的结果。但是当帕特尔和他的同事检测实验对象的认知变化时，他们发现，影响比他们预期的要深重很多。"我们也许都能想到的一个明显的事情是情感的变化，"2013年，在世界科学节（World Science Festival）和纽约交响乐团（New

York Philharmonic）的演讲中，帕特尔对在场听众如是说，但是，"音乐，不仅仅能强化情绪，也能够创造对接下来可能发生的事件的预期。它可能会产生一些关联，而这些关联并不一定要呈现在屏幕上。它能够（帮助你）判断故事是否结束。它会影响你理解角色(主要是角色间关系)的方式……它真的能够影响我们置身于电影之中时的感觉。" [04]

即使未能与视觉故事相联系，音乐也有可能创造一种并不总是匹配表面信息的复杂体验。

当艾尔顿·约翰（Elton John）唱起《悲伤歌曲道尽千言万语》（Sad songs say so much）时，他在这一点上做对了。也许伤感可能是歌词的主题，或者这首歌本身可能被认为是悲伤的，但根据 2013 年 6 月由日本研究人员发表的题为《悲伤音乐催生快乐情绪》（Sad Music Induces Pleasant Emotion）的研究，听这些歌曲可能会引发积极情绪。研究人员播放音乐片段，要求参与者表述他们聆听时所感受到的情感。研究发现："结果显示，尽管悲伤的音乐通常会被认为太悲惨，然而，对同一首悲伤歌曲，参与者聆听它时的实际体验，比他们实际上认为的，能够催生出更多的浪漫和快乐情绪，以及更少的伤感情绪。" [05]

内容是一码事，体验又是另一码事，而且它更为强大。这些原则在其他所有的设想情况中都有所体现。

举例来说，2010 年，哈曼国际（Harman International）[①]

BOOM *Moment*
音爆时刻

音乐，不仅仅能强化情绪，也能够创造对接下来可能发生的事件的预期。

04 大原则
将声音的场景影响力最大化

[①] 全球领先的音响产品制造商，旗下有 JBL、AKG、Revel 等 16 个品牌。——译者注

被吓坏了。在大概一年内，大量新闻报道指出，现代科技让消费者对品质越来越不关注，特别是音乐方面。最知名的一篇就是2009年《连线》杂志（Wired）作家罗伯特·卡普斯（Robert Capps）发表的《足够好的改革》（the Good Enough Revolution）。报道介绍了Pure数字科技公司的一款简单但强大的视频摄像机Flip。它就是一款没有提供卓越品质的高科技产品，后被思科收购，2011年停产。其他"足够好的"科技包括中东战争中替代传统飞机的无人机，以及代替真实律师的DIY法律文件包。不过，这篇报道还关注了iPod播放器上的数字音乐文件，卡普斯认为，消费者已经对压缩的MP3文件习以为常，质量已经成了便携性的俘虏。

《连线》杂志的这篇报道引用了斯坦福大学音乐教授乔纳森·伯杰（Jonathan Berger）的研究。这位教授用了六年时间，让自己课上的每一位新生听同一首音乐的不同数码格式。伯杰的结论是，相比那些高还原度的数字文件，学生们实际上更喜欢那些低质量版本。"他们已经习惯了压缩音乐中被伯杰称为打击乐的嗞嗞声——即失真。对于他们来说，这就是音乐应该听上去的感觉。"卡普斯这样写道。

这让哈曼的领导者十分困扰。这家公司将赌注押在了质量上——营销广告语是"声音在这里十分重要"。倘若声音对他们来说无所谓会怎样？倘若他们正在将数百万美元浪费在这样一些工具上，比如测试耳机舒适度的人造耳朵，几乎无声的消声室，又会怎样？哈曼甚至创造了一个具有双耳听力的仿真人西德尼（Sidney，以哈曼创始人的名字命名）来测试车内的声音。他们怀疑是否是公司的整个商业模式出现了缺陷？

与此同时，电子音频市场正经历着发布仅一年的耳机新贵 Beats 的冲击。虽然音乐发烧友很快抛弃了 Beats，因为它的低音过重，其他音响指标也浑浊不清，但是它们却非常抢手。哈曼在营销推广中谴责了这一切。Beats 的确不乏名流的支持——匪帮说唱（Gangsta Rap）的先驱德瑞博士和 Interscope 唱片公司老板吉米·艾欧文（Jimmy Iovine）是联合创始人，著名音乐人 Will.I.Am 和 Lady Gaga 也是幕后的投资者以及多种款式的代言人。除此之外，Beats 也确保让很多名人戴着它的耳机出现在红毯上、视频中。其实 Will.I.Am 在我和他专门为老牌娱乐新闻节目《今夜娱乐》（*Entertainment Tonight*）合作录制的视频中戴的就是 Beats 耳机。 06-08

"他们展示这些耳机，就像是生活方式的时尚单品，像一条牛仔裤或一双耐克鞋，"哈曼的声音研究总监肖恩·奥利弗（Sean Olive）说，"这款耳机与酷联系了起来——如果我把它戴在我的脖子上就会看起来很酷。它与成功、嘻哈、城市生活方式相连。这对那些购买这款耳机的人来说是一个强有力的信息。"

不过哈曼和奥利弗却忽视了大局，他们专注于声音而非体验。奥利弗反驳了伯杰、卡普斯和其他人提出的"年轻人实际上更喜欢难听的声音"的主张。"我认为人们的耳朵是变化莫测的,"2010年在接受《纽约时报》采访时伯杰表示,"那些被认为好听或难听的声音会随着时间而改变。反常可能会变成主打特征。"这个假设(特别是对Beats)满足了年轻人希望听到更多低音的需要。有些人更偏激,认为嗡嗡的低音是青春反叛的现代音。比如,2013年,Slate.com的杰西·多里斯(Jesse Dorris)在一篇关于耳机的成功的报道中写道:"低音总是能够以最快速度让你的父母走开,它是让你的鼓膜眩晕的最快方式。"

奥利弗注意到了一个机会,也许可以非常轻松地攻击这一说法,捍卫他的研究成果。他安排了一次双盲研究来证明品质仍然很重要。

通过一个经过严格测试和验证的过程,奥利弗克隆了几种耳机的均衡和总体声音,包括Beats的,然后用一个没有商标的简单头戴式耳机播放每一个复制好的声音。目的就是控制形式和风格,找出大学生和训练有素的哈曼听众最喜欢的那种正确的声音类型。声谱排列中靠中间的耳机声音更受偏爱。奥利弗发现:"并没有任何证据显示,这些孩子更喜欢低音偏重的隆隆声。"通过这一实验以及一些其他实验,奥利弗和他的同事得出了与《连线》杂志和斯坦福大学伯杰教授不同的结论。在他们的研究中,几种与"好听"的概念相关的测试,Beats排名都在最后,或倒数第二。在科学的实验设置之下,孩子们实际上并没有更爱那些难听的声音。而且,Beats其实有点讨人厌,奥利弗这样说。

于是,哈曼仍然保持自己的方向。旗下JBL品牌推出了新款高端耳机 Synchros，与 Beats 的录音耳机价格相仿，意在一较高低。JBL 耳机的一个重要功能就是 LiveStage 音效，这一技术意味着通过这种耳机听到的声音，就像是从四周传来的，而不仅仅是自己的脑袋。几乎所有听力正常的人在用 Synchros 耳机听过音乐后，都能够发现它与那些没有 LiveStage 音效的耳机在品质上有显著区别。

为了发布新产品，哈曼在曼哈顿艾斯酒店的地下会议室为几十家媒体和公司销售团队举办了一场发布酒会。耳机被放在舞台前方的折叠椅上，目的是让来宾稍后戴上耳机，听新秀创作型歌手特里克·惠特利（Trixie Whitley）的表演。不是听舞台上的乐器发出的声音，而是通过自己的 Synchros 耳机来听表演，也就是一场无声演唱会。所有在发布会开始前试图戴上耳机或把耳机插到自己的 iPhone 上试听的听众会受到公司一名工作人员的制止。

尽管哈曼、《连线》杂志和斯坦福大学的乔纳森·伯杰都进行了不少研究，但他们都犯了一个相同的错误。他们都假设，人们会根据声音质量做出选择。一组具有代表性的大学生或许已经在实验室里证明了他们更喜欢高品质的声音。但是，他们并不生活在实验室里。他们会边走路边听歌，有时还会同时做很多事，他们把声音当作各种体验的一部分。Beats 的声音正好契合了他们的生活方式。

另外，用户没有选择 iPhone 和 iPod，是因为他们更喜欢 MP3 格式的声音。他们想要兼具精美外观和极简界面的设备，这些设备可以放进口袋里，可以把几乎所有的平凡体验转换为音乐体验。作为奖励，这些光秃秃的方形小发明得到了用户对设计的赞赏。他们不是 MP3 粉，是苹果粉。

如果说喜欢用移动设备听音乐的人更喜欢低保真度的声音，那就好比说扔下所有东西向冰激凌卡车狂奔的孩子（或者大人）更喜欢垃圾食品。在富豪雪糕和本杰里两个冰激凌牌子间进行盲选测试，后者每次都能获胜。这无关冰激凌本身，而对 Beats 来说，这无关声音本身，而是体验。

Beats 公司将自己定位为建立在某种声音上的团体——不仅有无名的低频重低音，还有德瑞博士的声音。兼备声音和外形特色的耳机为人们提供了一种可以将自己置身于品牌故事中的方法，使他们与自己的群体保持一致。正如奥利弗博士的双盲测试所确认的，德瑞博士推出的 Beats 耳机并没有夸大精准的听觉体验。他们在正确的时间为正确的人群提供了正确的声音。当你坐在一家嘻哈音乐和流行音乐的俱乐部里，你希望听到重低音和低音。你戴上耳机，因为它们让你变成了你想变成的人。

在消费类电子音频产品中，哈曼和他的对手都深谙声音之道，并且一个健康的消费群体总是会寻找品质。Beats 获得了用来驱动体验的声音的力量。到 2013 年底，Beats 已经发布了数十款耳机，外加三种不同的扬声系统，与 HTC 合作推出了手机，与惠普合作推出了笔记本电脑和显示器，为克莱斯勒（Chrysler）、道奇、菲亚特（Fiat）推出了车载音响系统。所有产品都打上了他们招牌式的"b"标志。而且，

BOOM *Moment*
音爆时刻

Beats 公司将自己定位为建立在某种声音上的团体。兼备声音和外形特色的耳机为人们提供了一种可以将自己置身于品牌故事中的方法，使他们与自己的群体保持一致。

所有这些产品传递的声音都要比其他同类设备的响亮，因为这些产品属于 Beats 故事的一部分。

2014 年 1 月末，Beats 推出了备受好评的流媒体音乐服务 Beats Music，Spotify、Rdio 和其他流媒体音乐服务提供商们遭到了一次强有力的挑战。但是，正如 Beats 的耳机一样，Beats Music 只是公司成为"成熟的生活方式品牌"难题的一角。整个 Beats 品牌都建立在创造音乐驱动型体验的理念之上。

联合创始人吉米·艾欧文在推出 Beats Music 服务前的一次财报电话会议上表示："幸运的是，我们现在拥有的是 Beats 在音乐领域的良好形象。我们觉得，这是建立完整音乐理念的第一步。"

哈曼创立于 1953 年，为家居、汽车、工作室、俱乐部等不同客户生产了很多不同类型的专业的声音产品，预计 2013 年的收入可达到 42.5 亿美元。然而 2008 年才成立的 Beats 于 2013 年 9 月末宣布，得到了凯雷集团（Carlyle Group）的 5 亿美元投资，当年的收入有望达到 12 亿美元。根据 NPD 集团的数据显示，Beats 拥有耳机市场 64% 的份额。

当声音被用来制造体验，它拥有巨大的优势，对一个只有 6 年历史的耳机公司来说依然如是。2014 年 5 月，有报道称苹果计划收购 Beats。传闻中的收购价高达 32 亿美元。

原则2，你的声音要讲述你的故事

吸引正确的注意力并保持住，需要保证有一个有意义的美学体验，无论你是在创作运动曲目、派对曲目，还是为视频游戏配乐，或是为数十亿美元巨头打造声效策略。最新的流行音乐可能会让你的心为之震颤，与众不同或巨大的响声也许会立刻吸引你的注意力，但是除非你清楚自己想要创造的体验，否则人们不会记住它，你也无法自己去创建这样一个联系。用美国歌手玛雅·安吉罗（Maya Angelou）的话说："我已经发现，人们会忘记你说过的话、做过的事，但是却永远不会忘记你带给他们的感觉。"

再一次证明，这里就是需要策略的地方。如果你希望将你的故事与市面上现有的音乐或声音联系起来，那么你很需要知道你的故事是什么——它为什么重要，它和别人的故事有什么区别，你想让人们有怎样的感觉。只有这样，你才有东西来度量这个音乐。然后你可以问："这听起来像是我的派对（或电影、表演、商场、品牌、事业），还是其他人的？"也许你并不拥有你使用的音乐，但如果这样的用法有其意义，而且你的用法有很多的完整性和一致性，那么你最终会像美国联合航空公司、美国塔吉特公司（Target）、苹果或世界著名DJ铁斯托（Tiesto）一样——拥有一个明确的音乐时代精神，围绕着你的故事，并与之共鸣。 ◀09-10

如果你想给你的品牌或故事创造一个专属的声音身份，但又没有创作一首颂歌，那么你正在失去一个巨大的机遇。

BOOM *Moment*
音爆时刻

最新的流行音乐可能会让你的心为之震颤，与众不同或巨大的响声也许会立刻吸引你的注意力，但是除非你清楚自己想要创造的体验，否则人们不会记住它，你也无法自己去创建这样一个联系。

想想看，国歌多么鼓舞民众。很多声音标识，特别是那些"扔进"广告结尾的声音片段，都是毫无疑义的。你也许会记住它们、识别出它们，但是它们却没有给你讲述什么，因为你没能有所感触。少了长篇的颂歌，一个声音标识就无法触发情感记忆。没有上下文，没有故事，通常也就没有策略。

了解广告歌和颂歌的差别很重要。广告歌也许朗朗上口，但只有颂歌才能够带来完整、富有情感的故事。它将那些能够提炼、适应、重新创作的声音主题，包装到各种各样的音乐风格中。它是将《哈利·波特》《星球大战》《007》《指环王》《加勒比海盗》这样的系列电影粘合起来的胶水的一部分。在一个正确的声音品牌化过程中，可以从颂歌里提炼出标识和广告歌。在贝多芬的《第五乐章》中，"邦—邦—邦—邦—"的部分是一个主题，相当于一个标识一样地存在，它是颂歌的一部分。也许你哼不出曲调的其他部分，但是你却明白这些旋律属于鸿篇巨作。 11-14

想想看，"When you wish upon a star"（当你对着星辰祈愿）从迪士尼电影的开场声音标识，到迪士尼游轮的汽笛声，它们几乎无处不在。它们会让你回想起整首歌曲，更重要的是这歌曲给你的感觉。你听到这些音符，脑海回溯到迪士尼的《匹诺曹》，或是一次去迪士尼主题公园的旅行，在那里你摆出姿势，和神奇王国门前超大只毛茸茸的动画人物合影，那张照片也许现在还放在你妈妈的壁炉台上。如果你还没有

> **SONIC BOOM 颂歌**
> 是一个国家、品牌、个人故事、文化运动的长期表现形式。它通过声音的 DNA 来传递价值，是一种能激发群体感情的歌曲。

04 6大原则
将声音的场景影响力最大化

BOOM *Moment*
音爆时刻

一个商标或是广告并不能讲述一个完整的品牌故事。如果这就是你拥有的全部，那么失败在劫难逃。最起码，你将失去很多让人们"感受"你的品牌的机会。

真正理解自己的故事，创作一首能够适应所有品牌体验的颂歌，那么，你的标识能够让听众回想起的或许只有你的广告。甚至更糟，它完全没有带来任何情感或是记忆。一个单一商标或广告歌并不能讲述一个完整的品牌故事。如果这就是你拥有的全部，那么失败在劫难逃。最起码，你将失去很多让人们"感受"你的品牌的机会。◀15-16

想想看，如果一个声音标识并没有与颂歌或故事结合，它听起来会是怎样的？过去十多年，美国广播公司（American Broadcasting Corporation, ABC）一直在使用相同的四个音符。你能唱出它么？你能够唱出美国全国广播公司（National Broadcasting Company，NBC）的三个钟鸣声，那是因为自1929年起，这首颂歌和主题已被千锤百炼，得到了升华。可怜的哥伦比亚广播公司（Columbia Broadcasting System，CBS）想要复制这一杰作但却失败了，而福克斯广播公司（Fox Broadcasting Corporation，Fox）甚至从未尝试过。

当你有了一个策略或一首颂歌——一个声音识别系统的基础，你就能够绘制出这首颂歌的真正DNA，然后在品牌所到之处用它来增强人们的体验。声音能够在哪里对你的顾客、员工、合作伙伴产生很大的影响？它更像一个大的电影系列，完善着品牌体验。想想你看到的麦当劳正在打造自家品牌的地方。在这种情况下，有多少次你听到了它或感觉到了它？它的电视广告最后三秒几乎都是无声的。在麦当劳能够接触到顾客的所有地方，你几乎听不到任何东西。如果麦当劳完全利用声音的全部优势，人们就能够在门店内的背景音乐、它赞助的现场活动、送出的玩具、公司网站以及很多其他地方，听到并感觉到它的声音的故事。麦当劳可以为此举办比赛，聘请艺术家重新录制，如果你是当天的第1 000个到店消费者，用这个音乐来迎接你。但是麦当劳并没有这么做，身为全球最聪明的营销者之一，它错过了一个巨大的机遇。

原则3，在背景里要加点合适的声音

背景音乐并不仅为电影而生。每个人都有属于自己的背景音乐，它可以是耳机中飘扬出的歌曲，或是其他人制造的噪声，又或是一天内偶然听到的声音。声音品牌塑造者们结合了这些体验，并通过音乐时刻放大或引导它们，使人们在正确的时间注意到自己最希望被关注的事实。那些最聪明的人，无论在哪里都能够找到这些机遇。

声音可以是任何故事的情感引擎。一部电影的配乐可以触发观众的情感，但是研究显示，它能做的其实更多。改变一部电影的配乐，就能够显著改变观众对剧中人物关系的理解，以及观众对故事可能走向的期望。音乐同样能够激发回忆及联系。**听到这部电影先前曾出现过的主题曲，可能会有一种熟悉和辛酸的感觉，这是一种可以被声音捕获的短暂的怀旧之情。**

恐怖电影制片商们是使用声音来驱动情感的大师。这就是为什么，当你感觉自己被恐怖电影吓坏了的时候，应该

BOOM *Moment*
音爆时刻

改变一部电影的配乐，就能够显著改变观众对剧中人物关系的理解，以及观众对故事可能走向的期望。

04
6大原则
将声音的场景影响力最大化

堵上自己的耳朵。这样一来，你既不会错过正在发生的情节，同时也不至于被吓得太厉害。想要捧腹大笑一场，那就随便挑一部《超自然活动》（*Paranormal Activity*）系列电影的一个恐怖预告片，然后把声音关掉。睡不着的话试一试在静音条件下看《万圣节》（*Halloween*）或《黑色星期五》。[18]

恐怖片的情感和音乐语言，实际上与动作、故事主线以及人物发展有着非常复杂的关系，配乐则做了很多升华工作。最基础的是，背景音乐能够帮助建立紧张感，通常伴有片刻的寂静，这将为之后的恐怖做好铺垫。同样强大的是，创建紧张感会导致"欺骗"（没有惊吓），有时甚至是假的欺骗（没有惊吓，但惊吓很快随之到来）。有了这种伪造的欺骗，你会在紧张后得到片刻的放松，然后又被意想不到的恐怖镜头完全吓呆。那只猫不是凶手，它跳了出来。然后紧接着，杀人犯从另一个黑暗的角落中跳了出来。《万圣节》系列电影的作曲家约翰·卡朋特（John Carpenter）就是一位精于此道的大师。

正确的声音也能够让你感到放松。周围环境的背景音乐是创造舒缓声音一个强有力的工具，这是 W 酒店的秘诀。下次到访 W 或是其他精品酒店时，请关注一下那里的声音。那些精明的酒店管理者会在餐厅、游泳池边，以及你第一次入住的房间中播放音乐。你是否喜欢这些音乐并不是那么重要。想象一下，如果你在刚刚进入房间时没有听到任何背景音乐，你可能会听到什么：楼下街道的噪声、临近建筑的空调室外机发出的响声，或是隔壁房间一对夫妇的对话。酒店无法时时刻刻控制环境声音，但至少，他们能够将这些声音淹没。

下次当你注意到一个声音时，请思考一下，你是否应该注意到它。这声音如此突兀是因为太响吗？或是你注意到它，是因为它没能融入这个故事吗？是有意而为的吗？最重要的是，你听到的声音是否让你起码有所感觉？提出这些问题，能够帮助你在对声音操纵自己的方式方面产生更多的认识。你是否会欢迎这样的操纵取决于当时的情况。注意谁在这方面做得好，以及为什么，是迈向未来的第一步。只有如此，才能搞清楚如何更有效地利用你所创造的声音，以及人们听到它们的方式。

原则4，声音触发器让耳朵大吃一惊

短促的声音无时无刻不在我们的身边。我常把它们称作"声音触发器"，因为它们能够成为"引燃"身体动作、记忆或感觉的火花。在刚过去的几分钟里，你可能已经对某个声音作出过回应。如果你在室外或是拥挤的环境中，请把眼睛闭上一分钟，因为这样一来，你可能在几秒钟内就会再次听到另一个声音。然后根据这些触发器所具备的瞬间传递大量信息的能力进行定义。在这里，记忆是一个十分重要的因素。你会将什么样的体验与那个短促声音相联系，是最近的还是遥远的？初为父母的人们会告诉你，他们对婴儿哭泣声的反应突然间加强了——他们会在各种地方听到这种声音，这几乎总会吓到他们。三声夜鹰或潜鸟的啁啾声，可能会令你回忆起在某些地方，比如湖边或一片活水附近，度过某些时刻的记忆。晌午时刻，一群知了或蝗虫的翅膀突然间扇动起来，那仿佛交响乐般的声音能够唤起你对某个炎热天气和夏日的回忆。

当声音发挥出自己的最大潜能时，它会让耳朵大吃一惊。你是否曾经听过这样的演唱会，乐队整晚都在演唱，然后就在他们即将达到一首歌的高潮时，它出现了：砰！某一个音符或节拍，以一种狂热的方式彻底改变了体验，你于是跟着飞到了一种完全出乎意料的音乐方向里。一丝颤粟沿着你的脊柱往上蹿，你感到了那种奔腾。这就是这支乐队的音爆时刻。这个时刻就建立在"大吃一惊"的基础之上。作为听众，我们偏爱在这样的时刻听到音乐。它让我们感到开心，因为它延伸了我们认为自己所知道的一首歌曲的故事，打破了我们脑海里早已预料好的模式。

无论你是否被这些意想不到声音感动过——彼得·汤申德（Pete Townshend）的吉他轮指（guitar windmill），海顿（Hayden）的《惊愕交响曲》（Surprise Symphony），查理·帕克（Charlie Parker）萨克斯独奏中巧妙的变音，或史蒂夫·麦奎因那绝非寻常布利特野马的排气管发出的特有低吼声。它们都是让人先产生期望，继而突然打破期望，造成身体里的内啡肽飙升，叫你欲罢不能，有种上瘾的感觉，只希望它再一次出现。 19-21

声音中的意外是音乐、电影、娱乐甚至广告中常用的古

BOOM *Moment*
音爆时刻

当声音发挥出自己的最大潜能时，它会让耳朵大吃一惊。乐队的音爆时刻就建立在"大吃一惊"的基础之上，它让我们感到开心，因为它延伸了我们认为自己所知道的一首歌曲的故事，打破了我们脑海里早已预料好的模式。

老的把戏之一。无论什么时候，当一个演员的声音被故意换作旁人的声音，可能是异性或比他/她年轻/年长的人的声音时，你就会听到声音中的意外。或者，本来应该是动物的声音，却被换成人的声音，意外再度出现，它会引起你的注意。但是，吸引人们的注意只算得上是雕虫小技。有效的声音品牌化经常会创造或是强化那些打破陈规的声音触发器，以此捕获听众的注意，然后利用这些注意力唤醒消费者头脑中与品牌或品牌故事相关的正面体验。

我们已经在真实世界中识别出了这种片段，并且总能从这些声音中提取信息。回想一下汽车喇叭声、裁判的口哨声、NBA进攻倒计时的蜂鸣器声、学校的铃声。想想成功将高尔夫球打入洞中时的美妙声音，篮球比赛中投中完美三分球时的嗖嗖声。当你正在确认一些事情的时候，又或者是告诉你此刻你需要知道的事情，所有这些都会让你为之一振。它们几乎就是巴甫洛夫反应（Pavlovian，又称"条件反射"），当然，如果导致了一些比生理反应更复杂的情况时例外。这要比人流口水的反应复杂许多。

使用声音触发器将那些容易被忘记的体验转变为难忘的、有意义的体验，并非难事。实际上，你已经这样做了。你会喊"想不到吧！"以此制造生日派对的音爆。当表演者非常鼓舞人心，或超出预期时，你会大声鼓掌、叫好。我知道一家唱片公司的广播营销团队，当他们让广播站播放了他们力推的新歌时，他们会创造自己的音爆时刻来表示成功。每当有新的主流广播电台将这首歌加入播放曲目清单，销售

BOOM *Moment*
音爆时刻

有效的声音品牌化经常会创造或是强化那些打破陈规的声音触发器，以此捕获听众的注意，然后利用这些注意力唤醒消费者头脑中与品牌或品牌故事相关的正面体验。

04 の 大原则 将声音的场景影响力最大化

团队的领导就会邀请"成功缔造者"来到办公室正中央敲响大锣。这个声音会让所有人欢呼,并知道是谁获得了这么大的成功。整个团队都会对这次胜利感到乐观,这也将引领他们取得更多的胜利。这是创建办公室同事情谊和支持人们成功的良方妙计。

声音触发器也能够被当作有效的功能性声音使用。它们可以是欢迎的声音或是提醒音,给你提供重要信息,或帮你了解你身处何处。我妈妈曾经会摇动一个货真价实的晚餐铃,这个铃铛有两大目的:

第一,我能够在社区的任何地方听到它。每当我听到,我就开始失望——因为我不能再玩了,需要回家。

第二,它会提醒我,我饿了,所以我会感到激动,马上跑回家,惦记着餐桌上的土豆泥和肉饼。

当你想到汽车发出的短促声音,你很有可能会想到发动机的运转声、喇叭声或轮胎发出的刺耳的摩擦声。你可能想不到是发动机空转时发出的隆隆声——不过,如果你突然发现自己站在了一个十字路口中间,盯着一辆朝自己开来的电动车,但之前没有听到迫近的汽车声,你或许就会想到它了。

2009 年,NHTSA 发现,当混合动力电动车减速、停车、倒车或离开停泊点时,撞倒行人的可能性比配有内燃发动机的汽车高两倍。2013 年 1 月,该局提出新的规定,要求电动汽车的行驶速度低于每小时 30 公里，在这样的速度下，电动汽车的声音和内燃发动机空转的声音相差无几——能够向路人、骑车人、慢跑的人以及从一般背景噪声中听到声音的盲人发出警告信号。NHTSA 表示，这些警告声并不需要听起来像是正在倒车的普通汽车发出的哔哔声。无论你是否在这辆车的车道，这声音都可能闯入你的耳朵里。汽车制造商可以选择他们自己的信号——政府规定很少会给品牌拥有音爆时刻的机会。奥迪凭借其 E-Tron 电动跑车发现了自己的音爆时刻，它的引擎运转噪声听起来就像是迪士尼电影《电子世界争霸战》(Tron) 中的轻便自行车发出的。

NHTSA 表示，这些声音避免了 2 800 个行人和骑车人免受电动汽车或混合动力汽车的撞击伤害。这项规定计划于 2014 年 9 月开始执行。

这远不是短促声音用途的全部。短促声音还可以完美地传递某些特殊含义，根据它们出现的时间和地点，拯救生命。

丹麦音频软件公司 AM3D 将旗下双耳耳机设备的目标客户定位为消防员。它能够让消防员听到三维的、空间精确的声音提示，从而在浓烟密布、几乎伸手不见五指的环境中，也能够知晓队友的位置。这家公司也向国防工业营销这一技术，比如一些 A-10 以及 F-16 战斗机就使用了该技术。通过头盔的扬声器，飞行员会得到导弹或敌军战斗机的声音警告。此外，这声音还在一瞬间告诉他们，这些威胁来袭的方向（包括上、下、后方）。对视觉警告的反应时间大约是 1 秒，这要长于对声音提示做出反馈的时间，而当飞行员有大约5秒的时间来对导弹或敌方飞机做出反应时，每多一秒就意味着更多存活的可能。

在小装置中使用时，短促声音被称为用户界面声音。在我的行业，我们管它叫"品牌导航"音。这一术语提醒我们，它们必须兼具感情（品牌部分）和功能性（导航部分）。这声音必须要加倍努力，创造一种品牌辨识感，并创造更易于用户操作的技术。

全球最流行的游戏之一《使命召唤》（*Call of Duty*）的创造者，充分利用短促声音，让其成为游戏不可缺少的一部分——玩家利用声音来识别环境，在游戏中前行。《愤怒的小鸟》游戏的开发商创造了令人满足的咯吱声和嘎嘎声，让你渴望无数次重复该游戏。然后开发商又利用这些声音在游戏周边的玩具、产品以及音像制品中激发同样的渴望。产品工程师和设计师们，比如为早期苹果机创造了短促声音的吉姆·里克斯——最值得一提的是，里克斯那充满禅意的开机声音，仍然存在于我们至今仍喜爱的苹果机中。所有这些先驱都知道一个秘密：**我们正在进入一个勤劳的短促音时代，它们能够帮助我们指引所有事情的体验。**

原则5，创造"寂静"，用无声代替有声

人类生来没有耳盖，这意味着对我们大多数人来说，没有所谓的真正的安静。想要证据吗？听听约翰·凯奇（John

Cage）的《4分33秒》——一段没有任何注解的概念音乐。它想让我们认识到，声音一直存在于我们周围，并且从未停止。无论你身处何地，无论你觉得所在的地方多么安静，当你在那里坐上一会儿，你就会开始听到这首交响乐。或许在凯奇获得他的首个合唱队前就已经听到。

我和团队一起投入了很长时间来研究这个课题。我们的绝大多数客户最初都没有正确理解它，即使是那些最聪明的客户也未曾例外。如果声音或者音乐对体验来说是有益的，那么也应该是多多益善的，对吧？而事实是，我们通常会花上数周、数月，甚至数年的时间来消除电影、表演、空间和品牌店内的无意义声音。

但是，迪士尼公司却反其道而行之，采用了一种绝妙的方法在迪士尼乐园和华特迪士尼世界"创造"寂静。只要游客仍身处公园内，他们就不应该感觉到自己好像离开了仙境。当然，迪士尼还没有强大到可以控制自然或公园上方的空域。而且，没有什么比头顶呼啸而过的波音747客机，能更快打破沉浸在古色古香的拓荒乐园里的幻想了。为了将"梦幻杀手"——噪声拒之门外，迪士尼首席媒体设计师乔·赫林顿（Joe Herrington）表示："我们创造出了一种人们感觉上的无声，将林音和鸟鸣当作安静。"

毋庸置疑，迪士尼使用了声音来伪造安静。

这是一种比你想象中更为强大的工具。迪士尼伪造的安静，同样成为其不同园区之间的天然屏障。当你仍在主街游

BOOM *Moment*
音爆时刻

迪士尼公司采用了一种绝妙的方法在迪士尼乐园和华特迪士尼世界"创造"寂静。他们创造出了一种人们感觉上的无声，将林音和鸟鸣当作安静。迪士尼伪造的安静，成了不同场地之间的天然屏障。

04 6大原则 将声音的场景影响力最大化

玩的时候，听到明日乐园园区里的声音会觉得十分刺耳。所以，公园里这种人们感觉上的寂静会让你闲庭信步，给你开辟出一片声音净土，让你感觉仿佛进入了一个全新的世界。如果迪士尼没有掌握这个声音当中蕴含的秘密，它得将自己的各个主题园区划分的多远呢？公园本身又需要开发得多大呢？

至于绝对无声，或许你会应付不过来。在一个名为"吸波暗室"（Anechoic Chamber）的会吞噬声音的空间里停留超过30分钟后，你可能会感到心智开始丧失。位于美国南明尼阿波利斯的奥菲尔德实验室（Orfield Laboratories）被认为是世界上最安静的地方——99.99%的声音都会被数英尺厚的混凝土墙壁、绝缘钢，以及1米厚的玻璃纤维楔子吸收。甚至地板也以这种方式进行隔离（你实际站在一种线缆支撑物上）。没有人能够安然无恙地在这个房间停留超过45分钟。当灯光关掉后，这个令人迷失的空间几乎不能提供任何声波形式的反馈。当所有的外界刺激都被墙壁吸收，身体里面的声音会变得很响亮。你的大脑，这个习惯于过滤外部世界持续不断的"震动袭击"的组织，开始捕捉注意到的极微弱的声音。经过半个小时或者更长时间，你会开始听到自己的心跳声和器官吱吱作响的声音，空气从肺部吸入、呼出，关节发出咯吱咯吱声。实验室创始人史蒂芬·奥菲尔德（Steven Orfield）向英国《每日邮报》提到："在无回声房间里，你会成为声音本身。"

所以，如果我们消除了无声的神话，那么噪声的对立面又该是什么？它应该是某些更类似于留白的东西，就像是视觉或印刷设计中会采用的元素。寂静的定义是相对的,而非绝对。我们的大脑一直在调整这个定义的范畴——清理声音,选取其中一些进行关注,对另一些忽略。

迪士尼还有另外一种方法来处理声音。奥兰多迪士尼好莱坞影城和迪士尼加州冒险乐园里的恐怖塔,最恐怖的部分就是你拍了摇摇欲坠的老式电梯井的顶部后,还会在自己的座位上摇晃几秒钟。随后,你会听到线缆开始发出吱吱啦啦的声音,然后咔嚓一声,你知道自己快要急坠了。

但是在东京,迪士尼计划打造出更令人惊悚的体验,于是他们在一个关键场景的高潮部分除去了声音。赫林顿和他的团队原本打算使用近乎绝对无声来加强紧张感。他提到:"起初,管理层并不认同这个想法。他们认为这将偏离体验本身。但是,声音团队说服了所有人,让这个想法付诸实践。你可以像在奥兰多和加州一样去拍电梯井的顶部。然后电梯厢门打开,你会坠入黄昏空间。声音会反复回荡,直至消失。线缆猛然断裂的声音没有了。在奥兰多或加州,如果你体验同一个游戏两次,你就能准确地知道什么时候将会下坠。即便你不会刻意去数秒,也会有感觉。声音让你有了准备,这也是电影的工作方式。但是如果把那个声音去掉,悬念将被放大数倍。" [24]

"这绝对令人毛骨悚然,因为你知道自己将会下落,但不知道会是什么时候,只有死一般的寂静。然后,你从那个寂静环境里坠落。人们都被吓到了,新体验十分成功,"赫林顿说，"寂静是一个非常强大的工具。"

事实上，赫林顿和他的团队过分突出了恐怖的效果。日本迪士尼高管曾表示，日本的恐怖塔体验过于惊悚。赫林顿回忆道："它会把你吓得尿裤子。"一年后，当他们发现有更多大学生年纪的游客来到日本迪士尼游玩时，日本方面管理者申请增设三个新景点，以期为这些游客提供一些与众不同的难忘经历。赫林顿提到："他们说，'我们真的想要吓到他们。'寂静惊悚的体验有着非比寻常的效果。"

很重要的一点是，选择一个恰当的时机将声音去除。试试就知道了，看看会发生什么。如果你正在研究某个涉及声音的产品或展示，试试单独提取出某个声音元素，听听看，如果改变它会对整体效果产生什么影响。当你在看最喜欢的电影时，等到播放到关键情节时，关掉声音，看看体验会发生什么变化。在家里或者工作时，带上一个消声耳机，注意一下哪些声音消失了。

声音将我们固定在自己的世界里，让我们感觉到将会发生什么，补全了我们在空间中的图像。一旦将声音去掉，我们就不会知道自己处在什么环境里，这就是真正的惊悚之处。如果恐怖即将到来，去掉声音会十分有效。但是，把声音拿掉也能让人获得喘息的时间。在遭受一阵声音的"狂轰滥炸"之后，无声将使我们的大脑在重新处理声音前获得修整。如果需要把声音加到某个体验里，一定要记得，在最终完成前，试试把这个声音去掉来看看整体效果。如果你没有听到这个

BOOM *Moment*
音爆时刻

声音将我们固定在自己的世界里，让我们感觉到将会发生什么，补全了我们在空间中的图像。一旦将声音去掉，我们就不会知道自己处在什么环境里，这就是真正的惊悚之处。

声音，它或许就不应该出现在那里。

原则6，向声音垃圾说"不"

正因为声音是我们讲故事时最重要的工具之一，错误的声音也就成了最能摧毁故事效果的一种方法。简而言之，所谓声音垃圾就是所有会毁掉体验的声音，因为这些声音本不应该出现。正如格莱美、奥斯卡金牌作曲家汉斯·季默所说的："抛弃糟糕的声音吧，人生苦短。"

2010年1月，菲多利公司推出了一款100%生物降解的SunChips包装袋。设计这款包装袋的本意在于减少填埋垃圾，但是，它却彻底污染了消费者和所有它声音范围内的人的听觉风景。一个名为"对不起，但是我拿着SunChips袋子，听不见你说话"的Facebook群组迅速走红，吸引到44 000多名粉丝。一位来自CBS的敬业记者发现，如果晃动SunChips包装袋，它会产生100分贝的声音，要高于割草机（90分贝）、摩托车（95分贝）或地铁（94分贝）的响声。这位记者即使站在地铁站台上晃动这款袋子，它发出的声音也仍然十分刺耳。据统计，自这款包装袋发售起，它的销量每个月都在下跌。26

菲多利曾尝试向原材料中添加一种黏合剂，以降低噪声。但在发布后的第10个月，菲多利宣布终止发售表现糟糕的SunChips包装袋。讽刺的是，我们至少知道这款袋子在被填埋以后可以迅速降解。

BOOM *Moment*
音爆时刻

声音从来都不是中立的。它总是在讲述故事,有时也会讲你不想听的故事。如果忽视它,后果自负。

牛津大学心理学家查尔斯·斯宾塞曾因发现薯片的脆度和包装的褶皱度如何影响消费者对薯片口味和新鲜度的认知而闻名于世。但是,SunChips 做的太过夸张。这个例子可以说明,声音从来都不是中立的。它总是在讲述故事,有时也会讲你不想听的故事。如果忽视它,后果自负。

制造噪声的 SunChips 包装就是我所提到的声音垃圾的一个例子,它在讲故事的过程中完全忽视了声音的存在。在这个例子中,噪声所讲述的错误的故事要比菲多利原本想讲的故事要响亮。其他的声音垃圾包括在错误的位置插入了声音,或是在本该无声的位置为了填补空白而加入声音。

比如日产在自己的广告结尾处加上了怪异的数字涂鸦,这使得该则广告变得让人莫名其妙,演变为单纯的广告行为。除此之外,人们无法从中感受到其他东西。◀28

再比如,在 2013 年的卖座大片《地心引力》(*Gravity*)中,配乐过于喧宾夺主。这部电影煞费苦心的设计让所有的事情都井然有序,包括你听不到爆炸、金属撕裂的声音,或是玻璃粉碎的声音。当人们想知道接下来会发生什么时,消除声音的效果之一就是,他们会去寻找视觉上的答案(下一次,当你站在一个不会发出声音的 ATM 机前,注意下你会离机器多近,并且有多注意屏幕)。在《地心引力》的其他部分,相比用令人分心的寂静来推动暴力场景的剧情发展,制片人选择了用弦乐和可以表达桑德拉·布洛克(Sandra Bullock)角色情绪的音乐来填补这个真空。为她的情感配乐或许在普通电影中可以奏效，但在《地心引力》里就不行了。就在你开始苦想某个关键场景的用意时，配乐只会生硬地让你关注桑德拉·布洛克的情感状态。[27]

我们都曾经有过这样的经历：被放错了地方的电影音效或歌曲从整个剧情中拽了出来。想想看，1991年翻拍《亚当斯一家》（The Addams Family）时，哈默说唱着 Addams Groove；说唱明星吹牛老爹（Puff Daddy）和吉米·佩奇（Jimmy Page）为1998年翻拍的《哥斯拉》（Godzilla）演唱《和我来吧》（Come with Me）；软饼干乐队（Limp Bizkit）在2000年的《碟中谍2》中说唱了一首《看看周围》（Take a Look Around）。这些影片将这些流行音乐偶像硬塞到自己的故事之中，而他们与这些电影制片商想要讲述的剧情并不吻合。[28-29]

当营销者试图凭借谎言蒙混过关时，你可能也已经听说过它听起来是怎样的。1987年，耐克及其广告公司 Wieden+Kennedy 在一款运动鞋的广告中使用了甲壳虫乐队的歌曲《革命》（Revolution）。也许曾经有那么一段时间，耐克还是一个叛逆的新贵，但是1987年的时候早已时过境迁。他们支付50万美元使用这首歌曲，但甲壳虫乐队铁杆粉丝以及乐队成员被激怒了。甲壳虫通过他们的苹果唱片公司起诉耐克，要求赔偿1 500万美元。乔治·哈里森（George Harrison）在一份声明中说：

甲壳虫乐队的每一首歌曲，都将被用来为女

士内衣、香肠做广告。我们必须制止它，以此来杀一儆百。否则，这将变成了对所有人免费的东西。

后来乐队与耐克达成庭外和解——具体条款并未公开。耐克最终不再播出这一广告。

在很多情况下，品牌没有全盘考虑自己所要讲述的故事，就锁定了某段副歌，或是选定了某首歌曲。他们的错误没有冒犯任何人，即使它们不留痕迹地消失。但在这个时代，我们比以往更持怀疑态度，同时深谙营销之道。像这样错误地使用声音，将成为臭名昭著的声音垃圾，就像某品牌广告音乐，被网络杂志 Slate 的读者评选为最糟糕的音乐滥用。

2010 年，皇家加勒比游轮公司（Royal Caribbean Cruise Lines）曾试图强调适合家庭出行的欢趣游轮更具冒险性的一面。于是，该公司以及它的广告代理商阿诺传播公司（Arnold Worldwide）使用了由伊基·波普（Iggy Pop）与大卫·鲍伊（David Bowie）谱写的歌曲《渴望生活》（Lust for Life）。阿诺传播公司管理合作伙伴、集团创意总监杰·威廉姆斯（Jay Williams）向《纽约时报》透露："我们采用了这首歌的片段，它在音律和歌词上都契合我们正在做的事情。"

这家公司的目标是吸引更多的年轻人选择游轮。"活力、激情以及原始的感觉是对的。"威廉姆斯说。但是如果你听出了这首歌（这是伊基最负盛名的一首，实际上在 1977 年就已首发），你可能知道它是讲述海洛因成瘾的苏格兰电影《猜火车》（Trainspotting）的片头曲。如果继续刨根问底，你会发现这首歌的歌词里出现了威廉·巴罗斯（William S. Burroughs）①笔下的性别扭曲、兜售酒和毒品的脱衣舞者约翰尼（他的名字也出现在了游轮广告中）。但是大家都知道，约翰尼从未在甲板上进行过特殊表演。这是一个保险的赌注，起码伊基·波普短期之内并不会选择经营游轮线路。可这里的根本问题在于：音乐与公司故事并不匹配。而且，这也暗示，"皇家加勒比游轮像是度假海洛因"的说法压根就是一个谎言。平心而论，2010年皇家加勒比的利润的确超出了所有人的预期，不过那一年这家公司也的确投资了一些闪亮的新船型。◀30

再有就是Wrangler在自家牛仔裤广告中，采用了克里登斯清水复兴合唱团（Creedence Clearwater Revival）的《幸运之子》（*Fortunate Son*）的前半段，大概意思就是讲述人们生而爱国。不过这首歌的后半段是："当乐队开始唱起'向领袖致敬'时／哦，上帝，他们把炮筒对准了你。"就这样，一首抗议将穷苦人送去当炮灰的歌曲，却成为了牛仔裤的爱国颂歌。

克里登斯清水复兴合唱团歌手约翰·佛格堤（John Fogerty）并没有这首歌曲的版权，也没有同意这则广告使用他的音乐。2002年，他在接受《纽约时报》采访时解释了歌词的含意："我所抗议的事情是，似乎那些有钱、有权人家的孩子并不需要去参军。我不知道这首歌和裤子有什么关系。"Wrangler广告及特别活动主管克雷格·埃林顿（Craig

---

① 美国作家，"垮掉派"文学教父。——译者注

Errington)向《纽约时报》表示：这首歌本来是一首歌颂普通老百姓的反特权颂歌。我们所做的正是将数百万的牛仔裤卖给这样的人，而且会一直如此。那么问题来了，为什么你们没有加上第二部分的歌词？*Slate* 杂志的读者也投票认同这是广告滥用音乐的经典案例之一。

BOOM *Moment*
音爆时刻

> 正确的歌曲能够传达真实的故事，但是错误的歌曲却会让它土崩瓦解。歌曲滥用的后果，轻则会令听众关闭声音，重则会触怒他们。

关键在于，正确的歌曲能够传达真实的故事，但是错误的歌曲却会让它土崩瓦解。歌曲滥用的后果，轻则会令听众关闭声音，重则会触怒他们。

不仅是糟糕的音乐，糟糕的声音也会有同样的效果。2012 年，在克里斯托弗·诺兰（Christopher Nolan）执导的电影《蝙蝠侠：黑暗骑士崛起》中，反派人物贝恩的声音成了一个问题。当观众在观看早期版本的电影片段时，无法理解这个蒙面的疯子在说些什么。那个声音非但没能推动体验，反而过分地吸引了观众们的注意力，而观众只想赶快回到之前的状态，回到故事本身。贝恩的声音半路杀出，后来在电影正式上映时，这个声音被处理掉了，不过早已有人在 YouTube 上分享了贝恩声音未消除的视频，获得了数十万的点击。糟糕的口音，夸张的方言，足以毁掉一个故事。曾出演《盗侠罗宾汉》的凯文·科斯特纳（Kevin Costner）的声音听起来与罗宾汉的并不相像，他难以融入我们所熟知并喜爱的这个故事。要明白一个欠考虑的声音可以有很大的破坏力，甚至连最成熟的史诗巨著也无法躲过一劫，比如《星球大战》中的加·加·宾克斯。[31]

声音垃圾可以提醒你，你正在看的东西是假的。在1953年的牛仔电影《羽河任务》(The Charge at Feather River)中，拉尔夫·布鲁克斯（Ralph Brooks）扮演二等兵威廉一角，剧中他骑在马背上的时候，被一支箭射中。无论你是否真的看过这部电影，但是他的尖叫声你肯定听过。威廉的尖叫已经变得非常知名，被声音艺术家们在同一部影片中反复使用。后来,这一叫声又出现在了1954年的《X射线》(Them！)以及《星球大战》《星球大战：帝国反击战》《星球大战：绝地归来》《星球大战前传：幽灵的威胁》《夺宝奇兵》《夺宝奇兵2》《夺宝奇兵3》《蝙蝠侠:蝙蝠侠归来》《落水狗》《阿拉丁》《玩具总动员》等电影之中。一个源自拟音师的玩笑，已经变成了声音垃圾。一旦在自己心爱的电影里听到威廉的尖叫，想要无视它基本不太可能。◀32

你在电话进入呼叫保持状态时听到的乏味、令人烦燥的彩铃，就属于声音垃圾的一种。想想看，当你本来就不得不等待自己的问题被解决时，还得被迫听迈克尔·波顿（Michael Bolton）或雅尼（Yanni）的音乐，这只会让你"更受伤"。◀33

所以，不应该简单地把声音垃圾和噪声画等号。风钻的声音是噪声，这是工具在进行强力动作时必要的副产品(不是因为它是悦耳动听的)。但是，一辆浸没在咆哮音响里的汽车，从你的公寓前飞驰而过时，你又会作何感想？这并不是副产品。对大多数人而言，退一步讲，即使他们喜欢汽车里播放的音乐，以这样的方式听到那首音乐，所听之声仍然是声音垃圾。

走在大街上，你也听到过老套手机铃声一类的声音噪声。2011 年，高德纳咨询公司（Gartner）报告，手机铃声是一个价值 21 亿美元的产业。不过几乎与此同时，消费者分析公司 IBIS World 预测，这一业务将在 2016 年完全枯竭。这是因为在大多数时候，新颖的手机铃声是声音垃圾。也许手机音乐曾经备受追捧，但是，大多数手机铃声都无法提供有意义的即时讯息。你的手机可能猛然响起《疯狂的青蛙》（*Crazy Frog*）的曲调，或是李尔·韦恩（Lil Wayne）的《棒棒糖》（*Lollipop*），向世界传递出关于你的个性与品位的信息。但这不是永远。很快你就意识到，这首歌无助于让他人了解更多的事情（尽管李尔·韦恩招摇，但无人能够超越他）。实际上，在某些情况之下，错误的手机铃声甚至可能会带来麻烦。比如在一次商业演讲中，你的裤兜中突然响起了说唱歌曲《宝贝回来》（*Baby Got Back*），你才意识到忘记把自己的手机设置成静音模式了。 34-36

一些声音垃圾可以被回收。在不同的场合，为了不同的目的，布置好烦人的、让人分心的声音，也可"化腐朽为神奇"，将声音垃圾化为音爆时刻所用。

Kids Be Gone 公司推广了一款在威尔士设计的名为"蚊子"（Mosquito）的设备。它能够释放出一种刺耳的声音，简直可媲美指甲挠过黑板时的声音，或是蚊子在耳畔的嗡嗡声。不过，这一声音只会对 13 至 25 岁的人有影响。人类在

BOOM *Moment*
音爆时刻

在不同的场合，为了不同的目的，布置好烦人的、让人分心的声音，也可"化腐朽为神奇"，将声音垃圾化为音爆时刻所用。

青少年时期以前和 25 岁以后都无法听到这个频率的声音。在美国和加拿大已经安装了上千个此种设备。自治区以及私人企业使用"蚊子"解决了很多难题：从伺机作案到破坏行为——当然，这里假设年轻人是"头号嫌疑人"。在南卡罗莱纳哥伦比亚一辆校车的格栅上也安装了"蚊子"，以此避免孩子们在高中运动会后聚集在停车场。该校区的紧急服务管理员表示，这避免了可能发生在这里的学生间斗殴。"现在这里根本没有冲突，"2008 年，里克·麦基（Rick McGee）向美联社透露，"他们只不过会生气，然后几分钟内就会离开。"[37]

避开声音品牌化的6大陷阱

如果牢记这些声音品牌化的原则，你在将声音和音乐融入品牌战略时，就不会做错。但是，切记要避免那些常见的错误，因为这些错误可能会让那些对声音品牌化精髓"一知半解"的品牌经理深陷泥潭。

1. **别等到创作过程的末期才开始考虑声音**。当声音可以鼓舞大家，帮公司在正确的交流、情感回馈、品牌性格或是腔调上达成一致时，一定要一开始就把它考虑进来。

2. **声音和音乐不仅是手段，也是战略的一部分**。不要安于那些"百搭"的无关音乐。相反，要运用每一个精挑细选的声音，呼唤回品牌的核心价值。投入大笔的广告费来弥补这一错误，实在是得不偿失。

3. **不要仅凭个人喜好去选择音乐**。如果你仅仅添加了自己喜欢的、自认为能够让广告更好而实则毫无章法的音乐，你就会发现，自己将陷入与公司中怀有同样想法的同事之间无休止的争论之中。这些音乐尝试传达出的价值并没有明确的目标，也没有得到一致认同。很多大品牌犯了这样的错误。他们不会毫无准备地进行产品营销，或是执行商业计划；可为什么在创造声音特征时忘记了这一点？

4. 不要因为你认为某些音乐会让你或你的品牌看起来更酷、更时髦，而在选乐时犯下更大的错误。 如果因为你喜欢某些歌词就选择一首歌曲，你就不会注意这首歌真正讲述的是什么，而你的潜在客户们一秒钟就会发现这样的突兀。他们甚至可能永远对你的品牌充耳不闻。同样地，不要仅仅因为你喜欢某位明星的受众群，就将他与你的品牌相连。这些明星们传递给粉丝们的信息，可能与你的品牌故事并不搭调。试问百事，卢达·克里斯（Ludacris）的音乐对你们有什么效果？

5. 如果你已经掌握了一些奏效的东西，就要利用它。 麦当劳、英特尔、Expedia，除了广告结尾的最后三秒钟，他们的品牌基本是寂静无声的。苹果拥有设备声音，基本上也创造了自家风格的广告音乐，但是在门店、赞助以及应用程序中却也是了无声息。这是一些被忽略的巨大机会。如果苹果仔细研究一下这些想法，然后将这种声音效应带到自己的公共空间、产品、赞助商以及员工训练项目中，会有怎样的效果？如果它将这些元素以一种诙谐的方式投放到社交媒体上会怎样？如果这家公司鼓励明星或广大民众参与到这些对话中又会怎样？它正在错过潜藏着的、巨大的品牌价值。

6. 不要在欠考虑的声音研究上浪费时间和金钱。想要让自己的声音研究充满偏见，让研究成果毫无意义吗？最好的办法就是向典型受众们咨询，询问他们对你的音乐或声音的看法。无论你是在为电影、广告还是产品配乐，当你拿这些本该无意识的声音征询人们对所听到东西的有意识的印象时，其实你可以把所得的结果直接丢掉了。因为人们将开始谈论他们喜欢什么或不喜欢什么，这注定是漫无目的的。正确的着眼点应该是专注于体验。

避开这些陷阱，留心有效的声音品牌化原则，将为你打通走向各种声音可能性的道路。当你已经了解所有能做的事情，以及在哪里可能出现问题的时候，你就可以放手去开发属于自己的声音——为你的品牌、信息或你自己打造独一无二的声音。声音在那些已经掌握了这些原则的人和公司的手中，已经成了用于变革的迷人工具。在接下来的章节中，我将带你领略这些声音变革的幕后故事。

SONIC BOOM

05
为品牌写一首颂歌
AT&T 的音爆时刻

> 声音能在原本无声的时刻讲述故事,并为品牌带来自己的努力应得的认可。它能够在一定程度上,让你感觉到一家身价数十亿美元的跨国公司的人文情怀。

how sound transforms the way
we think, feel, and buy

扫码开启本章视频

当我第一次见到AT&T负责品牌推广、广告及赞助的高级副总裁埃丝特·李（Esther Lee）的时候，她在这家拥有27万员工的通讯巨头中负责讲故事的工作。不过在那个时候，AT&T本身卷入了一场声势浩大的品牌挑战之中。作为苹果的首个数据及手机服务提供商，AT&T帮苹果缔造了iPhone的魔力形象，不过却很少有人会这样看待AT&T。相反，和其他所有网络运营商或数据及通讯解决方案提供商一样，消费者们总是在AT&T网络出现问题时才注意到这家公司。也就是说，当你的iPhone正常工作时，你爱的是这款手机；而当它漏掉来电或无法连接网络时，挨骂的却是AT&T。很少有人会记得，AT&T才是那个车在野外抛锚的时候，确保你能够打电话寻求救援的公司。

人们也不会费心关注，AT&T是第一家为世界带来全新集成式移动体验的公司。当AT&T发布自家移动网络的时候，人们期待它能够立刻无纰漏的工作。可当它出现问题时，所有的一切辛勤努力都功亏一篑——人们觉得自己被骗了。

埃丝特说："我们就活在创新的刀尖上。"

品牌挑战愈发激烈，而细究其背后的技术难题，还要追溯到2007年1月9日。那天，在旧金山莫斯康中心，史蒂夫·乔布斯站在Macworld大会的舞台上，完成了iPhone的"处子秀"。据报道，苹果与合作伙伴为研发这款设备投入了约1.5亿美元。作为其中一位伙伴，AT&T不得不调整旗下最先进的移动网络平台，以成为iPhone的独家服务提供商。不过，这款设备将会永远改变人们头脑中对移动通讯的印象。

2007年至2010年的三年时间，智能手机的到来让网络需求量暴增了令人瞠目的5 000%。2008年至2009年，iPhone的3G数据流量让旧金山地区数据峰值提升了2 000%，但这也导致了通话掉线量激增。为此，AT&T承诺将投资20万美元加强基础设施建设并建设新基站，加入更多电缆，升级服务器及其他硬件。不到两年的时间，该公司掉线率降至1.32%，仅比当时的美国运营商领头羊低0.2%。不过，想要修复品牌的名声，AT&T需要做的可远不止修缮电缆、兴建移动基站那么简单。

2009年10月，埃丝特酝酿了一个计划。她雇用的品牌代理机构Interband邀请我加入团队。我们需要携手帮助AT&T，让他们因为将所有事情做对而获得信誉，即使消费者的预期并未下降。一个秘密武器便是声音。如果想改变27万员工对自己所做的重要工作的感悟，声音能够扮演怎样的角色？其实非常多。埃丝特说："**如果我们能够在通常**

无法被看见的地方出现，那么这些价值就要归功于我们，这样人们就会明白我们正在为他们努力服务。"

作为 iPhone 的首个移动服务提供商，在成就这款手机魔力的过程中，AT&T 功不可没。然而，因掉线率而导致的坏名声却主宰了 AT&T 的故事。为了摆脱这一窘境，埃丝特和她的团队需要在公司内部，从根本上改变对 AT&T 的看法。在她眼中，声音可能是一个火花。

当还在可口可乐公司任职的时候，埃丝特就曾为这家软饮料巨头成功推出过一个声音标识。她找到我，希望我能够为 AT&T 做同样的事情——一个听觉版的企业标识。她明白，声音标识能够增强 AT&T 的品牌黏性，并通过大量品牌重塑工作，将公司所做的努力呈现于台前。◁03

有研究显示，当精心设计的声音标识得到长期持续使用时，能够提升"电视观众将广告信息与品牌建立联系，并形成情感联系"的可能性。杜克大学心理学家旺达·华莱士（Wanda T.Wallace）发现："音乐能够提供非常强大的检索线索。它不仅是额外的信息，而且是一个综合提示，这些提示能够提供广告文本的实质意义的信息。"

除可口可乐公司外，埃丝特还提到了其他无处不在的声音——麦当劳"我就喜欢"的广告音，NBC 那三个钟声音符等。不过这一次，她并不想仅仅是在 AT&T 的院墙外面刷上一层新漆，她和她的团队决定掀起一场更为彻底的革命。要完成这一点，需要的不仅仅是一个声音标识。◁03-04

BOOM *Moment*
音爆时刻

音乐能够提供非常强大的检索线索。它不仅仅是额外的信息，而且是一个综合提示，这些提示能够提供广告文本的实质意义的信息。

这正是声音，特别是一首颂歌所能破解的问题。这需要严谨，也需要创意。不过，正确投资所带来的回报也是无与伦比的。声音并不会让你相信"AT&T 永远不会错过任何一通电话"，因为这是不现实的。但是它却能在原本无声的时刻讲述故事，并为品牌带来自己的努力应得的认可。它也能够将 AT&T 的品牌价值（品牌真正的个性），解读成"每当 AT&T 为你成功建立连接时"你会听到的声音语言。它能够在一定程度上，让你感觉到一家身价数十亿美元的跨国公司的人文情怀。

从声音感受品牌

认为这是不可能的？想想苹果那个充满禅意的开机音。即使苹果机宕机把你还未来得及保存的数据全部顺着马桶冲走，但你重启电脑之后，仅仅 4 秒钟，这开机声就能让因系统崩溃而生的怒气烟消云散，让你准备好迎接一次全新的体验。

里克斯的苹果机开机音所具备的创造这些感觉的能力，是大卫·巴蒂诺（David Battino）和凯利·理查兹（Kelli Richards）所著的《数字音乐艺术》（*The Art of Digital Music*）中所述故事的主干。这是一个关于罗伯特·亨克（Robert Henke）的故事，他是阿伯顿现场（Ableton Live）音乐软件的开发者、智能舞曲（Intelligent Dance Music，简称 IDM）的先驱。

亨克正在迈阿密为人群播放现场音乐，就在即将进入高潮部分时，他的苹果机却突然死机了。音乐仍继续播放着，但亨克却无法通过自己的电脑屏幕进行控制。他需要重新启动电脑，但是在重启的过程中，他又不能就这样一声不吭——这种电子音乐盛会，就像是舞动着的人群的一次情感旅程。如果亨克把他们脚下的"声音地毯"强行抽出，人们绝不会轻易放过他。更重要的是，他得想办法在重启之后能够重返之前播放的乐曲，并且又不会造成节奏的巨大跳动。

亨克突然有了灵感。他给自己的效果器中添加了一个简单的"嘭——嘭——嘭"的节奏，用来在重启机器的时候循环播放。这些稀疏的节拍创造了一种强烈的紧张感——人群希望获得片刻喘息的机会。亨克带来了一个惊喜。他将苹果机的声音转录到了另外一个混响处理器上。重启成功后，这简单的"嘭——嘭——嘭"突然变成了令人耳目一新、天马行空的"哇啊啊啊"！里克斯的苹果机开机音，将一个潜在的现场音乐灾难转化成了藏身于一场难忘的狂欢中的那个令人兴奋的停顿。现场观众在表演结束后，找到亨克表达了欣喜。"我喜欢'失败'与我的设计之间那种密不可分的关系，"里克斯说，"我知道，自己是在为失败与错误创作配乐。"

与其他出色的音响设计师一样，里克斯从苹果的一个问题着手，并通过讲述一个新的声音故事解决了它。想要处理与AT&T类似的挑战，你需要一个强大的声音策略——通过缜密的研究、反复斟酌的计划，用音乐和声音让品牌故事变得生动。它可以帮助你去感受这个品牌。你可以把它想象成一曲伟大的电影配乐：它支持着情节、表演以及对话。

格莱美、奥斯卡获奖作曲家约翰·威廉姆斯（John Williams）就精晓此法。通过他独到的声音策略，在1977年的《星球大战》中，观众们能够在看到达斯·维达从烟雾中首次亮相时，就立即判断出这是一个邪恶的反派。

另一位格莱美、奥斯卡获奖音乐大师汉斯·季默，在《蝙蝠侠黑暗骑士三部曲》中也有精妙的声音策略。他创造了蝙蝠翅膀扇动的声效，让观众们立刻明白他们正在观赏的一切，都是《蝙蝠侠》故事的一部分，即使真正的人物只出现了四五次。"这声音足以让观众知道自己看的是正确的电影，"季默说，"而不是不小心走错了放映厅。"

这是智慧的声音品牌专家和音响设计师设置的标杆：强大的声音或音乐，能够在须臾间讲述一个故事、引发回忆、激发情感，并调整好其他感觉。在我们的例子中，我们希望人们听到，然后感觉到——AT&T 的人文情怀。

于是，这支由埃丝特在 AT&T 公司内外网罗到的人才组建的团队，首先就从创建颂歌着手。我们试图让 AT&T 的使命变得鲜活。记住，颂歌是有效的声音品牌化原则之一。它若缺席，通常情况下，故事也都难以成形。从颂歌开始，我们才能创造出一个令人难忘的声音标识。

如果你是曾听过 AT&T 广告结尾四个音符的数百万观众中的一个，你可能会觉得，我们想借鉴麦当劳和 NBC 的

BOOM *Moment*
音爆时刻

强大的声音或音乐，能够在须臾间讲述一个故事、引发回忆、激发情感，并调整好其他感觉。

BOOM *Moment*
音爆时刻

颂歌是有效的声音品牌化原则之一。它若缺席，通常情况下，故事也都难以成形。从颂歌开始，我们才能创造出一个令人难忘的声音标识。

05 为品牌写一首颂歌
AT&T 的音爆时刻

成功剧本。但我们没有这样做。当然，快餐连锁巨头麦当劳那"吧—嗒—嗒—嗒—嗒——我就喜欢"的广告歌几乎无处不在。不过主要的原因是，麦当劳为了让这首小曲家喻户晓，已经花费了数十亿美元，你甚至可能会记得贾斯汀·汀布莱克（Justin Timberlake）唱过这首歌。无论是怎样的歌曲，倘若你愿意砸上十亿去推广，并邀请顶级流行音乐歌手去唱，人们也很可能会记住它。[07]

NBC那三声钟响同样也是全球最知名的标识之一。不过这个声音从1929年就开始广播了，那时这声音的唯一意义是为了告诉你这个广播站的ID，实际上它更多是一种需求而非机遇。85年的时间里，这家公司早已在媒体曝光上花费数十亿美元，以求在那些为高尔夫、足球、新闻等创作的歌曲中为这个声音注入情绪与生机。

如果你有足够的预算来打造这种数十亿级的印象，或能用几十年的时间去不断灌输声音的传承，不惜一切，那么的确可以照搬NBC和麦当劳的套路。埃丝特想要获得这些（已经无处不在的）声音的效果。所以团队决定通过一个全面、高效的声音策略实现这一目标。

"听起来很酷"还不够

声音能够高效地讲述令人难忘的故事，不过在有效的声音策略的背后，也有一个严格、有目的性、经过论证的过程。AT&T的四个音符背后的意义，远比四个音符要复杂。

一个声音标识的背后有更大段的音乐，而一个广告配乐背后有一首颂歌。这个准则能够帮助任何品牌在短时间内获得认可，而成本仅是一次性广告音乐或独立声音标识的零头。我们的声音推广活动仅仅用了一年多便深入人心。如果你知道AT&T的四个音符，那么你很可能听到过这首颂歌的某种形式，无论你是否意识到。这个声音标识，是这支团队以及AT&T敏锐的员工在推广活动中，使用声音来讲述公司新篇章的高潮，而非开端。在本章的最后，你将开始了解，任何一家公司，无论规模大小——应该如何利用声音来讲述自己的故事。

BOOM *Moment*
音爆时刻

一个声音标识的背后有更大段的音乐，而一个广告配乐背后有一首颂歌。这个准则能够帮助任何品牌在短暂的时间内获得认可，而成本仅是一次性广告音乐或独立声音标识的零头。

05 为品牌写一首颂歌
AT&T 的音爆时刻

As effectively as sound can tell memorable stories.

声音能够高效地讲述
令人难忘的故事。

我们为任何一家公司工作都会从调查开始。与科学家们跟踪稀有物种的方法相似，我们会进行一个长达数月的任务，去"侦听"这一品牌在门店中、电视里以及电台广告中的所有声音。然后，我们又会变成取证调查员，钻研员工培

147

训、投资者材料、网页，总之是所有"客户或利益相关者"能够与品牌接触的地方。然后，我们再以同样的方法，研究客户的对手以及合作伙伴。我们甚至会将调查范围扩展到客户竞争圈之外的其他品牌。我们团队通常会研究数十家公司的数百个样品，然后根据各种各样的标准将结果汇总到图表中，这些标准包括每家公司拥有怎样的声音，哪些声音是任何人都能使用的。我们试图寻找一片还未有声音涉足的领土，寻找那些能够帮助品牌脱颖而出的创意机遇。

而 AT&T 的情况是，这家公司当时处于一种"非常一般""了无生趣"的声景之中。科技品牌太习惯于使用那种像电脑一样的声音。然而，每个品牌所拥有的授权歌曲大多难与品牌个性产生共鸣。他们所使用的流行音乐，即使放在口香糖广告里也同样适用，无法给人留下突出的印象，或是讲述一个故事，没有什么差异性。而且，除了少数几家公司，几乎没有哪家科技企业能够长期坚持某一种声音标识，或制定清晰的战略。Verizon 广告中的声音也与其他公司并无二致。T-Mobile 拥有鲜明的声音标识，但并没有颂歌，而且那个声音标识出现的唯一场景就是广告的最后三秒钟。 [08]

大多数企业在使用声效、音乐、声音的时候，所采用的方法多多少少有些草率。他们所拥有的声音元素仅仅补充了广告画面，或者看上去唯一的入选理由就是"听起来很酷"。想要了解这样的"战略贫乏"有多么惊人，可以去想想全球顶级品牌在其他各种品牌研究中的投资规模。几乎所有其他行业的公司都会使用视觉标识系统——包括商标、颜色、形状,以及运用它们去代表品牌价值的规则。你永远都不会觉得,儿童麦片或厕纸会出现在黑色的包装盒中。雅虎现任 CEO 玛丽莎·梅耶尔(Marissa Mayer)在谷歌工作时,曾负责这家搜索引擎巨头主页的外观、感觉及功能。她曾经测试了 41 种色调的蓝色,并分析用户点击数据,才最终决定采用哪种色调。不过直到现在,谷歌仍然没有一个具有差异性的品牌声音。

2008 年,知名设计师彼得·阿内尔(Peter Arnell)曾劝百事公司投资百万美元重新设计视觉标识。从内部流出的文件可见,在提到自己的设计时,他用到了"叹为观止"这个词,认为这是不折不扣的自然的力量。同年,他还为纯品康纳(Tropicana)设计了新的包装,不过,消费者显然对这一设计并不买账,最终这家公司不得不换回了旧版包装。据说,整个事件给康纳的母公司百事造成了高达数百万美元的损失。可为什么这些甘愿为视觉标识和设计花费数百万美元的公司,却不愿为声音研究投入基本的关注和资金?我们的目标是帮助 AT&T 打造讲故事的三驾马车:视觉影像、语言和声音。我们知道,对我们来说,有巨大的机遇能够帮 AT&T 带向更深层次的声音的力量。当一个品牌策略和声音策略完美融合去讲述一个真实的故事时,结果并不仅仅是好的推广;它更像是一个事业或宗教。就好比无数人拜倒在苹果门下,成为信徒。

作为这一过程的一部分,我们确定了转化 AT&T 品牌人格最好的方式,就是使用那些听上去像是手工打造、不完

BOOM *Moment*
音爆时刻

当一个品牌策略和声音策略完美融合去讲述一个真实的故事时,结果并不仅仅是好的推广;它更像是一个事业或宗教。

05
为品牌写一首颂歌
AT&T 的音爆时刻

美的声音。我们需要将人们的关注点从技术完美度上转移开。声音和音乐有助于安慰客户，让他们明白AT&T每一个新发明的幕后都有相关的人员。我们的团队把声音策略称为"人格的声音"，作为AT&T"反思可能"（Rethink Possible）主题的延伸，它也成了现在你与AT&T有关的每一个声音体验的基础。它是设备听觉效果、门店音乐、AT&T考虑赞助的乐队，以及广告所传递的信息。它是这一品牌在所有地方的听觉效果。

声音不同，情绪就不同

与其他大公司一样。AT&T提供了琳琅满目的产品及服务，拥有由客户、员工组成的庞大生态系统，并且可以满足众多不同的需求。我们需要一首能够讲述AT&T故事的颂歌，一首能够与手机用户、企业客户、现场销售人员以及实验室研究人员产生共鸣的颂歌。全美国，几乎每三个人中就有两个是AT&T的目标客户。在AT&T的声音之中，他们都能找到自己的影子。

对于任何品牌来说，这一过程所涉及的最常用的词汇包括乐器、声音，以及它们所激发出的感受与情绪。这些内容并没有成文的规定——最多像是案例法。这就是我所做的超过科学的部分工作。通过千百个小时的演奏与录制几乎所有乐器，并把从此中汲取的智慧集合在一起，我们的声音词汇更像是这智慧的精华。就这个故事而言，它能够帮你理解基本的乐器、声音及相应的情感，具体见下表。

乐器、声音及相应的情感

乐器	情绪
弦乐	温暖、规模、范围；充满激情、振奋人心
管乐	动力、优雅、影响、重要性、力量、荣誉、勇气、英雄主义
电子合成器	现代、前瞻性思维、进化
钢琴/打击乐	由衷的、感性的、个性化的、驱动力、速度、焦虑
鼓	精力旺盛的、激励性的、原始的、公共的
电音吉他	能量、年轻活力、叛逆

在我们将所有的一切翻译成声音语言之前，我们都需要从 AT&T 的观点出发。这家公司重视创新，总在努力探求独特的方式，帮助连接有通讯需求的人。曾经听过电影《美国丽人》《美丽的心灵》里的配乐，或酷玩乐队（Coldplay）的《时钟》（*Clocks*）中即兴钢琴切分节奏的人，应该明白什么是独具创新的声音。它是勇敢的、新鲜的。 ◁09-11

AT&T 同样是有的放矢的。它对于创新的追求，不是异想天开，并且从未止步。人们期待 AT&T 的技术能把事情做好。从音乐角度来看，有目的就意味着拥有了某种推动力量。听起来有点像企鹅咖啡馆乐团（Penguin Café Orchestra）或菲利普·格拉斯（Philip Glass）的音乐。 ◁12-13

"好奇"这个词描述了 AT&T 个性中的怪癖元素。好奇的声音，比如丹尼·艾夫曼（Danny Elfman）为《剪刀手爱德华》创作的配乐，或是《辛普森一家》的开场曲，听起来有点像创新，不过更接近冒险或怪异的感觉。这家公司所有属性中最棘手的一个是"开放"。AT&T 数十年来所持有的

05 为品牌写一首颂歌
AT&T 的音爆时刻

BOOM *Moment*
音爆时刻

从音乐角度来看，有目的就意味着拥有了某种推动力量。

技术总是申请专利、严格保护,不过,科技圈已经变得越来越重视协同工作了(就像是开源中的"开"字)。音乐方面,"开放"听起来很像"天真",会留下很多声音留白。这是在录音棚中录制的弦乐四重奏,或是民谣吉他。它是合唱的动力。所有人都接到了邀请。₁₄₋₁₅

声音不能让谎言成真

最后一点,正是我们为 AT&T 创作第一版颂歌所犯下的错误。在我那个位于曼哈顿中城的工作室里,我和埃丝特·李斜靠在工作室控制台对面的角落里,而 AT&T 的主要高管、广告代理公司 BBDO 的创意总监正在房间中,等待我们用新的品牌音乐给他们带来惊喜。我把手伸向控制台的白色按钮,然后按下了播放键。吉他、有机声音合成器、合唱声充满了房间——这是 AT&T 新颂歌的开头。我们花了大约 500 个小时去探索几十种不同的主题理念,并完善它们,创作出了声音与旋律的正确组合。我们聘请了 25 位音乐家,负责演奏弦乐、手风琴、铜管乐、钢琴、贝斯、鼓、吉他,而我负责一些键盘工作。包括我自己在内,还有 15 位作家参与其中,我负责制作。

我们为做出这些配乐和想法的草图准备了相当数量的材料。我们选定的主题是这样的:用合唱的声音唱出一首乐观、流行的颂歌,其中搭配一些布鲁克林(Brooklyn)乐队的"脆劲"。想想拱廊之火乐团(Arcade Fire)或闪耀乐队(The Lumineers,微软后来在社交搜索引擎必应的推广活动中，使用了该乐队的 *Ho Hey*)。我们都很喜欢它，它符合公司的所有属性，并且拥有所有正确的颜色和情绪。至少我们是这么认为的。16-17

在一分半钟的播放中，我扫视着房间，期待看到微笑、附和着节拍的脚尖，寻找着我曾志在必得的点头动作。不过，我什么也没看到。相反，我看到房间里有些人表现出了不安和忐忑。他们知道什么即将到来。

音乐结束，现场一片寂静。最终，一位负责消费者推广的高管打破了沉寂。

这个声音听起来太过开心了，他说。

我想，他所谓的"开心"，应该被理解为"开放"，这是 AT&T 的核心属性之一，对他们来说也是最新的一个。

而另一位部门负责人则补充道，它听起来更像是微笑和彩虹，他不认为多数人会认同这种情绪。

低声细语充斥了整个房间：嗯，对。好像有点阳光过头了……

我的反应是据理力争——战斗到底。不过这不会有效果的；我们没有一个支持者。这本该是一场胜利，但是，那些挤进了我们那个寒冷、昏暗的工作室中的高管们，觉得自己听到的声音太过乐观、不够有创造力，目的性不强。有人说："它没有提到我们正在进行的重要工作。"

我惊讶得下巴都要脱臼了。到底发生了什么？

将品牌翻译成声音是一件很微妙的工作。这就像是从一个丰满、复杂的形象里抽象出一个人。埃丝特说："这是一个非常主观性的领域。"在 AT&T 这样的大公司里，利益相关者们都需要对此感觉良好。我学会了注意每个人的情绪反应，他们都知道自己的品牌应该有怎样的感觉。他们都是合格的，因为他们都有耳朵。

一次对品牌声音的糟糕翻译，会让人觉得像是一场失败的整容手术——虚假、绝望，还有那么一点凄惨。我们错误理解的"开放"，已经足够让音乐所触发的情绪与 AT&T 想要传达的信息背道而驰。它的所有工作，可以用一句话来概括：将人们联系起来。AT&T 的技术平台是人们无法割舍的其他科技的命脉，它是首个为苹果 iPhone、iPad 提供服务的网络。无论你是否曾经错过电话，这家公司的网络每年仍然接通了数百万个紧急通话——或是真的很重要的电话，固话、蜂窝网络都是一样的。声音应该帮助 AT&T 在诸如此类的体验上获得好评。而在工作室遭遇 AT&T 高管黑脸的这艰难的一天中，我明白声音不应该做的事情——撒谎。

当高管们从拥挤的控制室鱼贯而出，出发前往机场，返回 AT&T 工作时，我们也回到了自己的工作中。我们知道，必须抛弃一切，重新开始。即使我们当时也摸不准自己到底错过了什么。

之后，我们将整首颂歌推倒重来，开始逐一筛选，我

BOOM *Moment*
音爆时刻

一次对品牌声音的糟糕翻译，会让人觉得像是一场失败的整容手术——虚假、绝望，还有那么一点凄惨。

们开始慢慢发现自己违背了哪些声音原则。这些业务听起来可能有些玄虚，不过一旦出现错误，就会变得具体。我们的问题在于，我们的音乐忽略了品牌故事里的"有目的性"和"不断创新"这两个特征。AT&T 最近经历了一些坎坷，出了些问题。如果品牌音乐在"摔倒"的时候坚持微笑，那听起来就会不太真实。多数情况下，我们理所当然地认为，声音和音乐并不会让一个谎言变得真实可信。但我们用声音讲述了错误的故事，我们的声音没有说实话。

幸运的是，AT&T 有一个值得一说的真实故事。我们需要做的只是正确地翻译它。AT&T 首席广告代理公司 BBDO 的董事长兼首席创意官大卫·路巴斯（David Lubars）给了我们一个奇妙的建议：找到音乐版的罗塞塔石碑（Rosetta Stone）[①]。他建议，如果我们想要呈现一个品牌的人格，我们或许应该成为音乐解构师。我们所创作的颂歌，应该能够化简成每一个人的旋律，一些精简的音调——那些我们相信能够代表这个品牌灵魂的音乐。所有的一切都应建立在这个基础上。

当涉及所有传统乐器，比如管乐和弦乐时，我们抛弃了之前的"游戏规则"。这一次，为了捕捉更多听起来像人的、好奇的、有目的性的、有创造性并且开放的特征，我们租用了一些老式乐器。我们还启用了一架破旧的钟琴，一架老款立式钢琴，一架曾被史蒂维·旺德（Stevie Wonder）[②]数周前演奏过的 20 世纪 70 年代的古董钢琴，以及一些风笛（据

05 为品牌写一首颂歌
AT&T 的音爆时刻

BOOM *Moment*
音爆时刻

如果我们想要呈现一个品牌的人格，或许应该成为音乐解构师。我们所创作的颂歌，应该能够化简成每一个人的旋律，一些精简的音调——那些我们相信能够代表这个品牌灵魂的音乐。所有的一切都应建立在这个基础上。

---

① 古埃及托勒密王朝著名石碑，刻有古埃及国王托勒密五世登基的诏书，是今日研究古埃及历史的重要里程碑。——译者注

② 美国黑人盲人歌手，作曲家，音乐制作人，社会活动家。——译者注

我们团队所知，迄今为止，这是人类首次在品牌声音标识中使用风笛。不过，效果还是不错的)。所有会吹风笛的人都会告诉你这是一个"脾气不好"的乐器。想要得到你需要的东西，你就必须要去哄它。而且在第一次尝试的时候，几乎不可能得到正确的东西，更别提让它的声音融入一些奇怪的乐器。正是那种不完美，最终帮我们捕捉到了崭新的AT&T人格，以及公司所践行的不懈创新的想法。

在工作室忙碌了几周后，我与大卫在BBDO再次见面，并重新向负责品牌标识及设计的副总裁格雷格·赫德（Gregg Heard，没错这个在AT&T负责声效的家伙，就是叫"听见"[Heard]）展示了新的音乐。格雷格认可了这一设计，并把它带给了埃丝特。埃丝特很兴奋，不过她还是想要自己的声音标识。"其实它就在那，"我对她说，"我证明给你看。"之后，我和团队将这首颂歌的声音层次一层层剥离，直到埃丝特耳中听到的只是那四个音符。突然之间，这首颂歌的每一部分都包括了这些音符的某种形式，而这些音符与你在AT&T广告最后听到的旋律一模一样。你不仅会在AT&T广告尾声听到这几个音，同样也能在它销售的手机、门店中听到。这是打造一首颂歌所要面对的真正的考验。如果无法提炼出一个简单的主题，使它贯穿整个声音故事在所有环境中的回响，那么，它就是失败的。

最有效的声音策略，都以宏大的故事为开篇，之后，你不断提炼，直到抓住故事的灵魂。这种灵魂能够适应时代的变迁，配合各种各样的情绪。它能够逐渐演变，就像可口可

BOOM *Moment*
音爆时刻

如果无法提炼出一个简单的主题，使它贯穿整个声音故事在所有环境中的回响，那么，这首颂歌就是失败的。

乐公司著名的视觉标识或每一个不断变化的可乐瓶那样，与流行文化同步，并预测未来客户的需求。

在我们向埃丝特和 AT&T 不同部门的不同受众（消费者及 B2B 广告、设备、赞助商、门店等等）展示过这首乐曲后，埃丝特向包括公司领导人在内的更大的团队展示了这首颂歌的小样以及声音标识。他们检查了这首颂歌在不同场景下（包括广告、产品及服务）的效果。我们为此建立了一个国际通信大会的模拟场景，安排一位高管在台上演讲。人群中爆发出惊叹声和叫喊声，他们为这种呼之欲出的摇滚明星时刻所倾倒。这一次，我们知道，我们找到了答案。

不过，最终版本正式完成之前，我们仍需要进行细微调整。特别值得一提的是，颂歌中的一个反复片段成了运行 AT&T 网络的诺基亚 Lumia 手机的默认铃声。这个团队并没有完全接受我们的第一选择，他们否决了它。对他们来说，这声音并不够明确，也不够简洁。为什么财富 500 强企业中的一些高层人员会为一个手机铃声费心？每天，诺基亚的铃声都会响起 14 亿次。这声音不断播放，让人们了解这一品牌，以及他们所做的正确的事情。"我们以思考视觉标识的方式来思考声音标识，"格雷格·赫德说，他向公司领导人展示了最终的乐曲，"它在公司的位置同样举足轻重。"如果你这么想，那为什么公司的决策成员还是不想通过这个声音标识呢？格雷格说："我们认为，它有着相同的重要性。"

根据管理团队的意见，我们回去创作了一系列默认铃声，并推荐了一些新的选择，几乎所有人都很喜欢。

风格各异、情绪不同的 AT&T 颂歌的多个手机铃声版本已经装载到数十万部手机里。不过，这也只是这些声音品牌在日常生活中的一个使用方式。如果你最近看过大型体育比赛的电视转播，或是流行文化节目——从超级碗到黄金时段的情景喜剧或真人秀，那么你可能看到过一个 AT&T 的广告，讲述了"在各种环境下，AT&T 如何让不可能成为可能"的声音故事。每当这些乐观的广告场景结束的时候，都会出现四个勇敢、坚定的音符，然后紧跟着一个响指的声音。

这是埃丝特的团队苦苦追寻的声音标识，是我们从一首笼统的品牌颂歌中提炼出的精髓。在那些 AT&T 赞助的活动中，比如西南偏南这样的音乐节，或公司赞助的体育馆中，你可能也听到过这些音符。这声音还深深地编织进了 AT&T 芝加哥创新旗舰店那令人赞叹的体验中。通过所有这些努力，借助所有我们仍在与 AT&T 合作打造的新版颂歌和标识，这家公司的声音，终于帮他们得到了应有的认可：27 万兢兢业业的 AT&T 员工应得的认可。

AT&T的音爆时刻

想要找到属于自己的声音策略，你不必是 AT&T，也不需要使用史蒂维·旺德的古董钢琴，更不用为一首独特的颂歌花上 500 小时。

对跨国公司来说，使用声音意味着巨大的机遇；对小

公司小品牌来说，声音同样是一个强大的工具。

如果你只是经营着一家小夫妻店，一些简单、低成本的东西也能够让你的世界翻天覆地。创造声音的体验，并不一定意味着巨额的金钱开销。企业若想打造更棒、更与众不同的用户体验，正确的声音无疑是最有效、最有影响力的投资方式，无论你拥有的是一家比萨饼店、宠物店还是花店。

如何选择你店里的背景音乐？当然，现在市面上能够帮你完成这一工作的服务不胜枚举（只要你告诉他们希望播放什么样的音乐）。不过，如果能够仔细思考品牌的意义，或公司在竞争中的差异性，你就能够更好地为自己的店铺配乐。你的业务更侧重服务、价值，还是便捷性？你的竞争对手是怎样的，他们的店里播放着怎样的音乐？如果他们的店铺没有背景音乐，或仅仅是选择了大家都在放的流行音乐榜TOP40，那么你已经赢得了这场竞争。他们将不堪一击。大多数店铺的背景音乐仅仅是为了填补空白，或者试图娱乐大众，但是你知道，**真正应该做的是用自己的声音为自己的品牌发声。** 你可以坚持使用同一家流行乐队的歌曲，或针对你**所熟悉的典型客户群播放能够引起怀旧之情的音乐。**

如果你拥有一家主要面向个人的花店，试试用现代咖啡馆的混响音乐，让顾客的节奏慢下来如何？在情人节那天，你希望人们能够在店内快点移动，不妨选择中速的乐曲。没什么音乐天赋？这不是问题。我敢打赌，你有熟悉的顾客。请他/她来帮你挑选一个播放曲目，然后贴出一个小告示，

BOOM *Moment*
音爆时刻

企业想要打造更棒、更与众不同的用户体验，正确的声音无疑是最有效、最有影响力的投资方式，无论你拥有的是一家比萨饼店、宠物店还是花店。

05 为品牌写一首颂歌
AT&T的音爆时刻

让大家知道这位客串 DJ。一旦你做出了这样的选择，那此时，你的小店距离帮助人们感受你的品牌，就只差一个 iPod 和几台扩音器的距离了，你将会立刻与你的顾客建立起情感联系。你猜，食物是不是口感会更好，衣服看起来会不会更有趣，鲜花又会不会更甜美呢？

还有一个值得考虑的想法：你家小店前门的声音是怎样的？是温馨热情的吗？那是一扇有些老旧、吱吱作响的门，还是那种"嗖"地一下就能打开的门？那种快速开门声，会让人们感到热情，并迅速调整好情绪。地板是木质的，还是放着工业地毯？空间中的声音是响彻整间店还是温馨宜人？可以肯定的是，所有这些选择加在一起，会带来一种奇异的、有黏性的体验——它们会让你的小店变成一个客户认可、愿意拜访的地方。如果你售卖古董，你也许会选用那种老式收银机来加强销售。假如你的糖果店里播放着制作糖果的声音，把这个简单的邻家小铺变成了威利·旺卡（Willy Wonka）的巧克力工厂，会有什么样的景象呢？简而言之就是，怎样才能通过播放声音让你的小型（或中型）企业脱颖而出？

身处现在这个超级市场、电子商务的时代，如果仅仅依靠声音，各地的小夫妻店或许依然免不了倒闭的结局。不过它能做到的是，让员工感到快乐、更具生产力、更放松。帮助消费者与你的业务建立联系，这可能就是变革的开端。

虽然不会有人认为 AT&T 与"小"有什么关系，不过这却是一个建立在客户联系之上的业务。它用 20 个月精粹出来的声音，可以媲美一些同类品牌几十年的积累。我们启动 AT&T 首个声音推广活动 6 个月后，从消费者研究小组处得来的报告显示，这个声音的识别度几乎可以匹敌 1983 年便已传遍全球的 AT&T 标识。14 个月之后，一次定量研究发现，大多数人都能够辨识出 AT&T 的声音标识，人数几乎与识别出 NBC 钟声的一样多，但那个声音的推广最早可以追溯到 1929 年。更重要的是，在没有任何提示的情况下，能够分辨出 AT&T 声音标识的人，在同等情况下，是能够辨识出可口可乐声音标识的人数的 20 倍，后者于 2007 年推出。

无论是 AT&T 与 T-Mobile 一争高下，还是传统酒庄与大型连锁超市一较高低，声音用几个简单的音符，就能获得那些花费数百万的视觉推广产生的效果，或是达到电台、电视广告无法企及的高度。对一个品牌来说，完美的音乐能够创建情感连接，吸引顾客，并培养回头客。

SONIC BOOM

06
用声音寻找归属感
Univision 的音爆时刻

> 音乐通常是表达同种信仰、思想、精神的工具。无论是基于民族、文化革命、摇滚乐队还是计算机操作系统，与志同道合的人之间的联系，都能够帮助我们定义自己在世界中的身份和归属。而当这种联系以颂歌的形式表达出来，令人惊奇的事情便会发生。

how sound transforms the way
we think, feel, and buy

扫码开启本章视频

过去几年，一场变革席卷了美国中产阶级。时至2011年，第二代西班牙裔及拉丁裔美国人的人口已达到5 200万，成为全美最庞大、也最年轻的少数族群。这群西班牙裔"移二代"的父辈们出生在其他国家，后移民到美国生活。与父母相比，在美国出生的"移二代"有着更高的收入，拥有住房和大学学历的比例也更高。

根据皮尤研究中心（Pew Research）的调查统计，西班牙裔"移二代"大多数都能流利运用英语和西班牙语。研究还明确指出，在不久的将来，这一群体将会给美国的国家特征带来最深远的影响。在2011年的皮尤研究调查中，47%受访者认为自己是"典型的美国人"。正如Univision国际传播公司的营销执行副总裁露丝·加维里亚（Ruth Gaviria）所说的，"我们是中产阶级"。Univision国际传播公司旗下还拥有Univision和它的姊妹电视台，以及广播网络，根据尼尔森（Nielsen）的报告，2013年，Univision吸引了全球最多的西班牙语电视观众。

露丝很清楚，从营销推广角度来看，与这个新族群的沟通交流充满了挑战。这一人群极度多样、分化。根据2011年美国人口普查数据显示，墨西哥后裔在全部西班牙裔和拉丁裔人口中占比最高，达到了64.6%，人口近3 350万。

不过，这些"移二代"们对自身的文化归属却没有形成一个统一的认同。他们中大多数人认为自己的文化传统应与父母的原籍国家一致，也有人更笼统地认为自己是拉丁裔或西班牙裔。西班牙裔美国人正被迅速同化。皮尤曾在报告中指出，第二代西班牙裔美国人中，26%选择了来自不同种族或其他民族的配偶。Univosion的观众中，60%表示自己是墨西哥后裔，但也不乏来自哥伦比亚、多米尼加、波多黎各、西班牙等国的"混血儿"。"我们是一大堆外国人。"露丝说，她自己的故乡是哥伦比亚。

不过，如此多元化的群体，仍然能通过一些独特的价值观团结在一起。露丝说："我们的文化价值贯穿了整个美国。"这些价值观包括努力工作：78%的西班牙裔和拉丁裔认为，只要愿意努力耕耘，就一定能够获得丰收（相比之下，持有相同观点的美国人仅为58%）。这里的"努力工作"并不是指底层阶级从事的廉价、简单不需要技能的体力劳动——这种价值观更多的是对工作的热爱，是一种职业道德。家庭是另外一个重要价值，特别是对于Univision的目标观众群体，露丝表示。在她和业内人士看来，这家电视网络公司仍然保留了20世纪50年代的价值观。在相当长的一段时间内，这已经足以让Univision与观众们所重视的事物保持一致，特别是在大环境不景气的时期。"经济危机期间,这些价值观正是我们需要的,"露丝说,"手里没有钱?但家庭才是最重要的。"

对于非西班牙裔美国人来说,几乎无法了解 Univision 在西班牙裔美国人心中的地位。传统英语广播网络的媒体形势已经发生了巨大变化。在过去几十年,观众习惯每晚收看黄金时段节目,然后在接下来一天的茶余饭后与同事、好友分享自己喜欢的节目内容。如今,非西班牙裔观众群体四分五裂,他们面前是数百种令人眼花缭乱的可选频道,而网络上针对个人喜好定制的娱乐、新闻资源也在争抢着他们的注意力。

不过 Univision 却仍然是家庭和信任的代名词。这些西班牙语观众大多在 Univision 的陪伴下长大,这家电视网络的节目完全占据了千家万户的电视;Univision 的主播豪尔赫·拉莫斯(Jorge Ramos)仍然是西班牙语新闻界的沃尔特·克朗凯特(Walter Cronkite)[1]。拉莫斯到哪里,整个美国的西班牙裔人群的目光也就跟到哪里。

Univision 多年来一直在西班牙语频道中保持着巨大的领先优势,将第二名 Telemundo 远远地甩在了身后。它早已参透了节目制作的艺术,总能为观众带来他们想看的内容。虽然成功,但它似乎还是错过了什么。Univision 传播公司 CEO 兰迪·法尔科(Randy Falco)和露丝及其他管理者意

---

[1] 美国 GBS 明星主持。——译者注

识到，这一品牌其实有能力给观众带来更多的感觉。"做娱乐对我们来说很容易，"露丝坦言，"可这并不是我们真正想代表的。"

2010 年，Univision 意识到自己的观众基础正在发生变化。2011 年，这家公司跻身主流媒体行列。当年 9 月的一周，Univision 的 18 至 49 岁观众群收视率超过了 ABC、NBC、CBS、Fox 等巨头，这也是西班牙语电视网络历史上的"头一遭"（当周，西语电视排名次席的 Telemundo 平均观众数量为 81 万，Univision 则高达 380 万）。露丝、法尔科和公司其他管理者开始意识到，公司需要与这个不断变化的故事看齐，否则也有可能被别人甩在身后。

从前面所提的 AT&T 的例子中，我们看到了声音如何对转型中的企业产生深远影响。AT&T 为彻底变革移动设备领域鞠躬尽瘁，但是在决定与我们合作的那段时期，这家通讯巨头正面临丧失自身地位的险境。尽管成功建立了无数的数据、电话连接，但 AT&T 给人们留下的印象却总是那些错过的通话。那时我们的团队所面临的声音挑战，便是帮助这家公司扭转困局。

而对 Univision 来说，文化方面的赌注和机遇都要更大。他们交给我们的任务是放大公司已然建立起来的积极的品牌联系，并将它作为一场更伟大的运动的一部分——把观众们团结在一起。过去几十年，Univision 提供了统一的声音，充当了某种共同价值观的枢纽。现在它面临着新的挑战，需要调整自身,并为"迷茫地寻找身份属性"的西班牙裔和拉丁裔"移二代"们找到正确的社会属性。Univision 的观众仍然有着文化传承的意识——他们不断进步,走出贫民区,并经历着一个反殖民化的过程。他们在起步的时候几乎一无所有、身无分文,却在生活的坎坷中逐步培养出了健康的适应能力(如果真有什么"美国价值",那一定是这种适应性)。"这是一场运动,"露丝说,"但是,我需要让全世界意识到它的存在。"

创作一首独特的颂歌音乐(可提炼成各种标识、品牌导航声音),并以正确的方式提升音调,选择正确的时刻播放,能在观众与 Univision 建立联系的过程中,帮助公司快速、频繁、下意识地给观众传达一个信号,这信号暗示着它一直在他们身边,甚至偶尔也会在他们通向文化主流的旅程中指引方向。与此同时,Univision 也能够因观众早已感觉到的忠诚而受到信任。与 2008 年福特布利特野马排气管声音的设计方式相似,Univision 也可以运用声音抒发怀旧情怀,即使是在迈向未来的进程中。在正确的时刻辅以正确声音,Univision 就能够与这场横扫观众甚至整个美国的变革看齐。 ◀01

露丝说,每当 Univision 邀请观众代表来衡量品牌的知名度、好评度(营销方面"信任"的代名词)时,公司总是"表现出色"。这恰恰是这家公司尚未开发的潜力。露丝讲了这样一个故事,从中可以瞥见 Univision 的观众对这家公司的信赖级别。

BOOM *Moment*
音爆时刻

创作颂歌般的音乐作品,并以正确的方式提升音调,选择正确的时刻播放,能在观众与Univision建立联系的过程中,帮这家公司快速、下意识地回传给用户们一个信号,这信号暗示着它一直在他们身边。

大致在 Univision 逐渐意识到公司收视率已经能够挑战大型电视网络的那段时间，露丝的助手接到了一通特别的来电。她知道这通电话必须直接转给露丝。电话那边是一位墨西哥裔年轻妈妈，她的英语并不流利。这位妈妈希望搞清楚怎样才能让自己家的学龄小孩在得克萨斯州的公立学校就读。她在 Univision 的网站上找到了露丝办公室的电话，情急之下拨通了这串号码。

"那是一位满心焦虑的女士。她还从来没有帮孩子注册过学校，也不知道这里面有怎样的流程，"露丝回忆道，"她需要帮助。我停下了当时手头所有的工作。"实际上，这样的事情对露丝来说早已司空见惯——她能讲一口流利的西班牙语，这能够瞬间缓解那些英语不好的人的紧张情绪。"就这样，我问到了全部必需的信息——她的住址，家里有几个小孩。我在网上搜索着所有的小学。"露丝说。反复甄选后，露丝发现了一所合适的学校，然后给这位妈妈留了一串支持西班牙语服务的咨询电话。露丝还给她留下了自己办公室的直线号码和这个女人所在区域的 Univision 电视台号码，如果她还有其他疑问，也可以拨打这个电话寻求帮助。

给电视台打电话询问生活建议，这听起来实在荒诞可笑。不过对 Univision 的员工甚至高管来说，这样的情况却并不让人意外。"接到这样的电话会让人备感神圣，我们憧憬这样的时刻。"露丝说。不过，从收视率增加以及观众人口结构的改变来看，这通来电对 Univision 来说又有了新的意义。

包括露丝在内的 Univision 高管意识到，他们正坐在一片不可限量却尚未开发的"金山"上。"我们当时没有充分商业化的一样东西，便是品牌价值，"露丝说，"可以发掘的潜力很大。"

兰迪·法尔科的想法由露丝和其他工作人员变为现实，这意味着这家电视网络的注意力将从内容转向观众本身。Univision 的电视频道中总会有一些主打节目和特别策划，比如拉美肥皂剧、足球赛等等，这是观众们心心念念的节目内容。不过，Univision 更宏大的战略是将这一切编写到观众们新的身份标识之中——写入这一新兴、独特的美国人群。"拥有双重文化的观众们喜欢像吃零食一样看拉美肥皂剧，不过，他们也喜欢看卡戴珊。"琳达·翁（Linda Ong）说。她的品牌公司 TruthCo 帮助 Univision（和我）找到了它的声音。其实，直到我参与进来，每个人都还在吵着想知道这个声音听起来究竟应该是怎样的。

音乐对于 Univision 的意义远远超过了对传统电视网络的分量。露丝说："对于一种文化或一段时期来说，音乐是非常重要的。它是我们一直保持的一个文化信条。"不过，音乐可以带来更大的影响，它能够帮助巩固一套公认的理念，激励拥有同种想法的人群，形成一个虚拟的民族——即使这些人本身并没有相同的民族文化传承。"所以我们开始创作颂歌，创造一个民族。"

琳达和露丝确信，Univision 可以团结那些拥有共同价

BOOM *Moment*
音爆时刻

音乐能够帮助巩固一套公认的理念，激励拥有同种想法的人群，形成一个虚拟的民族——即使这些人本身并没有相同的民族文化传承。

值的群体，而这一群体的人数已多到足以影响美国的未来。他们需要一个声音策略，以及一种用来讲故事的音乐语言。

通常情况下，如果我们公司接到了新的任务，都会去调查雇主竞争对手的声音部署情况。不过，Univision 却是个例外。这家公司不仅已经将居于次席的竞争对手远远抛在了身后，甚至压根就不想和其他西班牙语电视网络一较高低。Univision 的目标直指四大广播公司：NBC、ABC、CBS 和 Fox。除此之外，这家公司还努力让自己去顺应文化运动。因此，我们要做的不仅是调查其他电视台，更是研究整个拉丁语文化的声景，以及在历史上的重大运动中音乐所扮演的角色。

语言引发争议，声音让人团结

历史上，几乎每一场引人注目的重大文化变革，都转变成了一个统一的音乐作品或一种音乐流派。音乐通常是表达同种信仰、思想、精神的工具——这正是 1893 年法国社会学家埃米尔·迪尔凯姆（Emile Durkheim）在《社会中的劳动分工》（*Division of Labor in Society*）一书中所描述的那种社会结构。无论是基于民族、文化革命、摇滚乐队还是计算机操作系统，与志同道合的人之间的联系，都能够帮助我们定义自己在世界中的身份和归属。而当这种联系以颂歌的形式表达出来，令人惊奇的事情便会发生。

以《星条旗之歌》（*The Star Spangled Banner*）为例，这

BOOM *Moment*
音爆时刻

无论是基于民族、文化革命、摇滚乐队或是计算机操作系统，与志同道合的人之间的联系，都能够帮助我们定义自己在世界中的身份和归属。而当这种联系以颂歌的形式表达出来，令人惊奇的事情便会发生。

首歌的歌词改编自弗朗西斯·斯科特·基（Francis Scott Key）的诗歌《保卫麦亨利要塞》（*Defense of Fort McHenry*）。这首歌曲于1814年完成，比迪尔凯姆的理论发表还要早79年（直到1931年，这首歌才正式成为美国国歌）。不过，当弗朗西斯的作品融入旋律后，它才找到了最深层次的历史共鸣。伴随着音乐，"炸弹轰轰作响"成就了文字的音爆时刻，这首歌首先要团结被殖民者，他们将会成为美利坚合众国的公民。

新的国家或刚刚从血雨腥风中走出来的民族，会立刻开始寻找合适的音乐，让人民团结起来，让那些原本明争暗斗不断的派系拧成一股绳。

2008年，塞尔维亚结束独立战争后，科索沃举行了一项全国新国歌大赛。几年前，该国官方曾在各种典礼上播放贝多芬的《欢乐颂》，可这首歌却难以激励整个国家——科索沃的阿尔巴尼亚人仍然传唱着阿尔巴尼亚国歌。科索沃政府消息人士曾向《自由报每日新闻》（*Hurriyet Daily News*）透露："如果我们用阿尔巴尼亚语写国歌，塞尔维亚人不会认同。"

2008年6月，新成立的科索沃共和国决定选用由作曲家赫迪·门迪伊奇（Mendi Mengjiqi）创作的《欧洲》（*Europe*）作为国歌。这首国歌并未填写歌词，以此巧妙回避了阿尔巴尼亚人与塞尔维亚少数民族的冲突。语言本身有太多争议，会影响一首颂歌中团结的意义。不过音乐语言却能够传达出

BOOM *Moment*
音爆时刻

语言本身有太多的争议，会影响一首颂歌中团结的意义。不过音乐的语言，却能够传达出大多数公民想要分享的情感。

大多数公民想要分享的情感，而且不会出现语言中那种分裂的潜台词。科索沃的国歌是一个很好的例子，它说明了音乐如何在变化不定的水域里为民族和国家导航，而在这种情况下，文字望尘莫及。◁02

无独有偶，西班牙的国歌也没有填词。2008 年，在首都马德里举行的体育赛事中，西班牙奥委会原计划播放普拉西多·多明戈（Placido Domingo）演唱的重新填词版国歌片段，不过因为在国歌歌词语言的选择上争执不断，这一计划不得不在活动开始前搁置。西班牙人民使用包括巴斯克语、加泰罗尼亚语、加利西亚语、官方语言在内的多种语言，甚至一些讲着不同语言的地区仍然认为自己是一种相对独立的存在。最终，西班牙的《皇家进行曲》（*Marcha Real*）与科索沃国歌一样，也没有填词。◁03

2008 年，《卫报》专栏作家蒂莫西·加顿·阿什（Timothy Garton Ash）在谈及西班牙、科索沃等国国歌的时候，毫不吝惜自己的赞美。他曾写道，在他看来，成功的国歌不仅仅是一个国家的象征，它们也是"鲜活的政治共同体的神经系统的一部分"。

不过，音乐并不需要依靠政治影响力才能让共同身份特征的人群团结在一起。国歌不仅仅是国家的象征，同理，某个乐队、艺人也能像一个伟大的演说家、有魅力的领导人一样，成为文化神经系统的核心部分。在正确时间运用正确的音乐，能够让一场文化活动在历史中标记下自己的地位，同

BOOM *Moment*
音爆时刻

音乐并不需要依靠政治影响力才能让共同身份特征的人群团结在一起。在正确时间运用正确的音乐，能够让一场文化活动在历史中标记下自己的地位，同时也能让它在几代人的心中回荡。

时也能让它在几代人的心中回荡。

在世界上生存的力量

美国感恩而死乐队（Grateful Dead）开启了一种随心所欲、即兴、迷幻摇滚、后嬉皮士风格的亚文化。乐队成员不仅通过音乐分享自己的生活方式和精神，还让粉丝们集合起来，分享故事、商品和其他演唱会的盗版磁带等等。

感恩而死乐队对声音设计拥有独特的见解。这支乐队的声音会在某一时刻大放异彩，这不仅因为他们是技术高超的音乐家，是能保持超长演奏热情的艺人，也是因为乐队的听众们，同样在寻求那种宏大的体验。感恩而死乐队希望拓展一种开放、极具自由精神的审美，即使整个美国丧失了纯真。他们是那些嬉皮士们的安全网，这些人还没有为即兴表演的消亡做好准备。每一场演出都与之前有所不同——总会有人准备好录音机，让这一时刻保留得比马拉松一般的音乐会本身更长久。在乐队领袖杰里·加西亚（Jerry Garcia）去世后，这些忠实的、"死脑筋"的音乐信徒们，仍然在伴着《美国丽人》的翻录磁带歌唱。这样的故事、生活方式又被现代的火炬手们传承，比如 2000 年左右走红的 String Cheese Incident 乐队和 Phish 乐队。◂04-06

另一个极端是英国的性手枪乐队（Sex Pistols）。想到他们，人们总会联系起朋克摇滚，这是 20 世纪 60 年代嬉皮音乐运动的制衡力量。一首感恩而死乐队的歌曲可能持续数十分钟，但朋克摇滚歌曲通常最多只有二三分钟。很多艺人无法演奏超过三个和弦，但他们倾向于焦虑和对抗，设计了一种能够团结一群铁杆粉丝的声音。观众们往往会感受到同一种焦虑狂躁，即使他们并不确定该把这样的情绪带向哪里。

朋克摇滚时代的乐队甘愿把自己变为观众们的泄愤目标，他们迫切希望人们能够去指责自己被迫面对的政治和社会经济局势。性手枪乐队挖掘到了这种复杂的情绪，并通过指弹吉他、鼓、贝斯等乐器和一种令人生厌的演唱方式，无视旋律规则制造了一场声音的骚乱。性手枪乐队的演唱方式并没有随着乐队解体而消逝，也没有因为魅力十足的朋克摇滚贝斯手席德·维瑟斯（Sid Vicious）的早亡而瓦解。07

当"不通琴瑟""不懂音律"逐渐成了朋克摇滚的固定描述时，雷蒙斯（Ramones）、冲击乐队（The Clash）、伊基·波普、肯尼迪之死（Dead Kennedys）等歌手和乐队的出现，为这一流派注入了几分技术性。后来的朋克摇滚开拓者们悄悄溜进了流行音乐的主流——他们创作的《伦敦呼声》（*London Calling*）中填入了朗朗上口的片段，《闪电战波普》（*Blitzkrieg Bop*）等歌曲的曲调追随了流行音乐的结构。不过这些歌曲中却仍然包含了尖刻犀利的社会政治评论，这也是这些乐队向核心粉丝阵营传送的秘密信号。08-11

后来出现了以涅槃乐队（Nirvana）为代表的"垃圾摇滚"（Grunge，也作"邋遢摇滚"），它们也像朋克音乐一样挺进了时尚、艺术界，甚至走进了"懒汉般"年青一代的心。虽然被那些不理解这种"离经叛道"的人扣上了"懒汉"的帽子，但这代人实际上创作了大量能够代表20世纪90年代的喜剧、电影、文学作品。他们重新定义了主流，自己也变成了明星。[12]

不过，一场文化运动可以借助音乐鼓舞人心，而这运动本身却并不必针对音乐。民权运动的意义远超任何一首歌曲或颂歌，可它所依仗的情感和体验，最初也是通过音乐语言分享出来的——自由之歌。歌手、民权活动家伯尼斯·约翰逊·里根（Bernice Johnson Reagon）也曾是学生非暴力委员会的成员，他曾在美国国家公共电台(National Public Radio, 以下简称NPR)的《全国话题》(*Talk of the Nation*)节目中这样说道：

> 如果抛开我们在游行、群众集会、监狱中所唱过的歌，我无法感觉到民权运动的存在。不能将音乐剥离。对我来说，如果听到一个关于民权运动的节目……没有听到其中的音乐片段，我会觉得错过了一个倾听能量与声音、了解群众呐喊的机会——这些人摆脱了陈旧的生活套路，准备好去改变，去给我们带来新的局面。[13]

里根的女儿都司·里根(Toshi Reagon)是一位创作歌手，她补充道：

> 音乐也是一种让每一个个体不再孤单的方法，

它是能够帮助你在一些可怕或不舒服的情况下生存下来的方式。音乐将你的声音、你身体内的声音带给其他人，它创造了一种"在世界上生存"的力量和方法。

自由歌曲往往是在美国黑奴之间传唱的灵歌基础上即兴改编而来，它是信仰与共同阅历的表达，是一种自由的梦想。灵歌的完美时刻能够在一片凄寂中带来希望，这些片段传承数十年，在世界各地不断回响。

BOOM *Moment*
音爆时刻

音乐将你的声音、你身体内的声音带给其他人，它创造了一种在世界上生存的力量和方法。

06 用声音寻找归属感
Univision 的音爆时刻

Music was a way for individuals to actually not be alone.

音乐是一种让个体不再孤单的方法。

灵歌和自由歌曲也是福音音乐的灵感源泉。1901 年，"灵歌之父"查尔斯·丁德利（Charles Tindley）创作了福音歌曲《有一日我必胜》（*I'll Overcome Someday*）。后来，这首歌曲中所捕捉到的那种希望成了 20 世纪 60 年代国际公认的抗议歌曲《我们终将胜利》（We Shall Overcome）的创作灵感。这首歌曲的情感主题激励着每一个人：1965 年 3 月，总统林登·约翰逊（Lyndon B. Johnson）在美国国会演讲时引用了这首歌，支持那时已逐渐成熟的民权运动；1968 年 3 月 31 日，马丁·路德·金二世（Martin Luther King Jr）在被刺杀前 4 天，还将这首歌用作演讲主题，并反复重申。

1958 年，马丁·路德·金在《奔向自由》（Stride Toward Freedom : The Montgomery Story）一书中，回忆起福音歌曲以及灵歌对民权运动背后声音的影响。1955 年，非裔女裁缝罗莎·帕克斯（Rosa Parks）因不肯让座而被捕后，蒙格马利巴士抵制运动爆发，马丁·路德·金这样回忆道："人们不禁被那些传传统歌曲感动，它让我们的脑海中出现了黑人漫长的苦难史。"

马丁·路德·金的演讲风格也如歌曲一般——作为一位牧师，他了解如何借用音乐的情感力量来讲话。他经常会引用并影射灵歌音乐，让那些人们耳熟能详的歌词成为令人难忘的演讲中重要的情感触发器。演说家们很早就注意到了马丁·路德·金在演讲尾声营造那种令人振奋情绪的能力。

灵歌《终于自由了》（Free at Last）的歌词成就了马丁·路德·金最具影响力的演讲《我有一个梦想》（I Have a Dream）。他也许已经创造了历史上最强大的音爆时刻。马丁·路德·金通过挖掘歌词的力量，让那些被剥夺了权利的奴隶们的丰富历史，以及他们对未来的希望，仿佛全都立即呈现在了眼前——千言万语都凝聚在"终于自由了"这五个字中。马丁·路德·金凭借他那有力、悠扬的声音，分享了自己的愿景："犹太人和非犹太人，新教徒和天主教徒，将能携手同唱那首古老的黑人灵歌，'终于自由了！终于自由了！感谢万能的上帝，我们终于自由了！'" [15]

Univision的音爆时刻

我的团队开始处理这次的Univision任务。马丁·路德·金对音乐和歌曲力量的掌控力已经牢牢地植入了我们的脑海。其实，我们曾有幸接触了一部分马丁·路德·金的"影响力"。2008年1月，历史频道高管戴维·麦奇洛（David Mckillop）正负责马丁·路德·金纪录片《金》（King）的制作，一天，戴维带着一个想法找到我。这想法既能纪念马丁·路德·金的历史影响力，也能表现出他与现在、未来的联系。视频中，戴维计划引用艺术界、政界名人对马丁·路德·金的评价。不过，这其中的大部分镜头都是从历史资料中剪辑的。"实际上，你已经看过了马丁·路德·金录影素材的每一帧画面，"他对我说，"这里很难出彩，不会有什么新东西……因此，配乐就是关键所在。我们应该怎么用音乐来讲述这个故事？应该选择哪种配乐？"

我很支持将灵歌用作民权运动配乐的想法，之后整个团队开始思考该如何将音乐贯穿于整个故事中，怎样在那些早已为人熟知的影像中创造新的"马丁·路德·金体验"。我们讨论着马丁·路德·金的演讲中如何巧妙贯穿了灵歌语言。最近的几次碰面中,我们发现 U2 乐队在歌曲《骄傲》(*Pride*) 的副歌部分也借用了"终于自由了",向马丁·路德·金致敬。我们与纪录片《金》的另一位执行制作人、NBC 制作公司 Peacock Productions 的苏珊·韦博(Suan Werbe)讨论过后,决定请当代艺术家来录制这首《骄傲》。这应该是一种完美的表现方式——借用马丁·路德·金的情感和主张,将他留给世界的遗产带向未来。

我们选择了约翰·传奇(John Legend,美国灵歌艺人),他立刻爽快签约。在与时任历史频道创意总监塞沃·哈德森(Saevar Halldorsson)讨论后,团队决定制作那首 U2 经典歌曲的精简版——由约翰演唱,并用钢琴伴奏。我们在位于曼哈顿西 48 街的 Legacy 录音室进行录制,全程大致耗费约 1 小时,仅用 4 个取景镜头就顺利完成。

在歌曲和纪录片播出后,引起了剧烈反响。这种"能够利用音乐加强历史信息,并将它传向未来"的预感得到了证实。有些学校甚至在毕业典礼上播放了这首歌曲。约翰将这首单曲收入了在英国发行的专辑《灵魂传情》(*Evolver*)中。2008 年,奥巴马竞选募捐活动《我们一定能:草根运动的声音》(*Yes We Can: Voices of a Grassroots Movement*)专辑中,制作人将这首歌曲穿插在奥巴马演讲中。"9·11"事件 10 周年纪念专辑中也出现了这首歌曲的身影。"它有了自己的生命,"约翰说,"这是伟大歌曲惯有的常青性。它们能够复活,能够在历史环境的变迁之中找到自己新的联系和位置。"

BOOM *Moment*
音爆时刻

伟大歌曲是常青的。它们能够复活,能够在历史环境的变迁之中找到自己新的联系和位置。

如果你能找到适合的材料，并利用它有策略地创造音爆时刻，它就能引起跨时代的回声，出现在你意想不到的地方。

国歌能够将那些看似独立的人群团结在一起，而对文化、亚文化、历史运动来说，颂歌也有着相同的作用。伴随着这种理解，我们开始筹备 Univision 的工作。Univision 虽然是一个公司、品牌，但它也将自己与文化运动联系起来，可以让那些来自世界不同地方、拥有相同价值观的人团结在一起。音乐可能就是这一过程的黏合剂。我和同事们开始为 Univision 创作一首颂歌——最终的成品需要让 Univision 和多元化的拉丁裔观众们站在一起，让公司达到新的高度。

很快我们就意识到，想要将这些群体团结起来，仅仅找到一份拉美文化遗产清单，然后勾选所需内容，是远远不够的。在这次任务中，公司拉丁市场的音乐战略总监何塞·路易斯·瑞维洛（Jose Luis Revelo）起到了重要作用。何塞出生在哥伦比亚，8 岁那年随家人移居到巴拿马。在他们生活的运河地区有很多美国人。"我的生活一直就像是游牧民族一样，"他说，"我从小生活在一个双语、双文化的环境里。"也正因为如此，他对拉丁美洲及加勒比地区的音乐颇为了解，对各种各样的流行音乐也涉猎广泛。他知道我们应该选用哪些音乐语言和乐器将 Univision 观众不同的文化编织在一起。

这其中的细微精妙之处，从撒哈拉以南非洲地区的 Clave 中就可窥见一二。这是包括莎莎、梅伦格、Bachata、雷鬼在内的现代加勒比风格舞蹈的灵感源泉，是古巴黑人音乐的核心灵魂。不过，它却不能代表墨西哥。墨西哥的音乐文化主要继承自欧洲殖民者。也就是说，如果墨西哥观众听到这种属于加勒比地区的节奏时，他们很可能会说："这不是为我准备的。" [17]

波多黎各雷鬼歌手扬基老爹（Daddy Yankee）是能够佐证这一猜想的典型艺人。他的歌曲《汽油》（*Gasolina*）受到美国西班牙语及英语观众的热情追捧。可即便为墨西哥推广活动使出了浑身解数，他却从未在这片土地上引起像在加勒比海地区一样的轰动。如果 Univision 效仿扬基老爹的方法，势必会导致一场惨败。从 Univision 的目标观众来看，多米尼加艺术家罗密欧·桑托斯（Romeo Santos）的方式更为可取。他混合了多米尼加的 Bachata 与墨西哥的 Ranchera 曲风，在两个国家都取得了巨大成功。[18-19]

在一次异常激烈的讨论中，我们回过头思考起了琳达·翁先前的见解——西班牙裔、拉丁裔"移二代"们喜欢看拉美肥皂剧，但也爱看像卡戴珊这样的明星。那时我们才终于意识到，其实并没有必要去寻找什么拉丁风格的魔力药水，只要找到一种英美流行乐和拉丁流行乐交融的平面即可。

这次任务不能考虑那些深受传统风格影响的现代音乐人，比如夏奇拉（Shakira）或葛罗莉亚·伊斯特芬（Gloria Estefan）。我们必须像蕾哈娜（Rihanna）或饶舌歌手嘻哈斗牛梗（Pitbull）那样精细、圆滑。非西班牙语听众甚至可能根本不会在他们的歌曲中注意到加勒比或拉丁声音符号。加勒比或拉丁音乐传统并非这些音乐人的标志性元素，不过在他们的歌曲背景音中的确有 Clave 节奏，这声音让西班牙裔或拉丁裔听众觉得正宗、地道，可能在这些歌曲中也瞥见了自己的影子。◀20-23

这是那些备受热捧的流行音乐人的一个秘密，他们发现了在音乐中挖掘共同文化价值以及独特情感的方法，能让音乐听起来既正宗又新鲜。非西班牙裔音乐人也在探索这片领域。举例来说，2013 年，身居音乐排行榜前列的西雅图饶舌歌手麦可莫（Macklemore）和瑞恩·路易斯（Ryan Lewis），他们的歌曲节奏中那"明确的切分方式，显然并不属于英美艺术的范畴"。何塞说，"当然，这些东西都值得商榷，但我认为节奏对拉丁裔人的意义，要大过对非洲人的影响。"而这次 Univision 的任务中，我们需要加入一些类似的元素，不过是要以一种精妙的方式。◀24

有的时候，想要这样的平衡可能一个简单的乐器就足矣。比如，手风琴的使用就十分微妙。这种乐器是墨西哥及加勒比海地区的文化遗产交集。如果我们用手风琴播放类似波尔卡的旋律，那就相当于在用欧洲血统和墨西哥后裔交谈。而如果运用更多的节奏乐器（节拍），同样是一架手风琴，却能用血液中的加勒比海或非洲文化基因，与多米尼加人和波多黎各人交流。

早期的几次尝试中，我们采用小军鼓来演绎雷鬼乐中你可能曾听到过的那种节奏。"一次会议上，有人反映说这听起来'有些太加勒比海风'了。"何塞回忆道。

颂歌必须能与所有人"交流"。

语言也能够传送信号——这不仅涉及词语的意义,也包括读音。某些乐器具有文化内涵,文字也是一样。举例来说,一些加勒比海人习惯丢弃单词两端的辅音,延长元音。于是"vámonos"(我们走吧)听起来就像是"vámono"。"墨西哥人显然不会这样说。"何塞说。我们邀请来的歌手就有这样的习惯。"他是波多黎各人,某些时刻会突然有了灵感,然后用起典型的波多黎各口音,"何塞补充道,"我不得不去告诉他,'不是所有人都能够领会这种感觉——这不是墨西哥人口语中常见的东西。'……我们有着多种多样的口音。"

最终,Univision 的颂歌听起来就像是一场庆祝。这首歌混和了墨西哥和加勒比海地区的音乐传统,经过精心"烘焙"而出(没错,有突出的电子音乐纹理和真实的手风琴声),是当代拉丁与英国流行音乐文化交汇融合的产物。就歌词来说,这也是一场家庭和生活的盛筵——当这些拉丁文化和日渐成熟的拉丁裔政治力量在美国崭露头角时,当日益壮大的中产阶级推动国家向前时,这首歌就能在某一时刻引起共鸣。

这是颂歌创作过程中有形、具体的部分。即使对何塞这样精通西班牙和拉丁音乐的文化和历史的人来说,Univision 这一项目也仍然让他受益良多。"拉丁裔或西班牙裔美国人的身份特征是与众不同的,"他说,"他们不单是加勒比海人、南美人或是西班牙人。美国正在经历的是这种特殊的文化交织与融合。我觉得，我们必须将美国的拉丁裔视作这里的成员。"

Univision 做到了。2012 年 12 月，与 Univision 营销团队合作数月后，这家公司新的颂歌和声音标识完成了在全体员工面前的首演。而自 2013 年 1 月 1 日起，它们已开始出现在 Univision 新闻、体育节目及宣传活动中，无线频道也计划在当年春天开始播放。

时间推进到 2013 年 7 月，Univision 首次获得黄金时段 18 至 34 岁观众收视率第一名，并连续四周稳居黄金时段 18 至 49 岁观众收视率首位，以两位数的优势领先位列次席的 Fox。

Univision 取得如此骄人战绩有很多原因，而电视节目（包括体育赛事、流行肥皂剧）至关重要。2013 年 6 月 18 日的拉丁青年奖（Premios Juventude）颁奖晚会也功不可没，播出期间平均观众达 500 万。但露丝相信，这是 Univision 正从一个"品牌"向一场"运动"转型的信号。截至 2013 年末之前的 36 个月中，Univision 国际传播公司的电视网络从 3 个扩展到 14 个，并与 ABC 联手成立合资公司 Fusion。Fusion 直接"锁定"双语言、双文化背景的年轻西班牙裔及拉丁裔美国人，它的新闻节目用英语播报。在网络上，Univision 也从零开始，发布了自家网站和 YouTube 频道。[28]

露丝说，声音正发挥着越来越重要的作用。"法尔科以前参与过 NBC 的声音品牌推广，"提到 Univision 的 CEO 的往昔经历时，她说，"对他来说，这不是什么新技巧。"

我们的声音——从完整的颂歌到提炼出的声音标识，在 Univision 希望与新拉丁裔运动并肩作战时总会恰到好处的出现。"只需要 3 个音符，你就会觉得自己是其中的一部分，"露丝说，"这些音符出现的时候，你知道将会看到高质量的电视节目，也会感觉到整个大家庭就站在你的背后。"

露丝和我都认为，我们制作的声音在 Univision 进行全方位扩张以及实行多样化的进程中带来了重要的商业意义。即使你没有把声音调大，它也能让你更多地听到 Univision。露丝说："在声音的帮助下，你可以提升品牌的知名度，吸引更多眼球，获得更高的收视率。而收视率嘛，你可以存到银行。"

战略性声音能够做到的，并不仅仅是放大那种无形的"自我感觉良好"，它能带来结果。而当声音与视觉标识步调一致，在多种媒体渠道讲述故事的时候，这种影响将呈指数级增长。品牌以及它的颂歌变得更有意义，它们成了一场运动的一部分。

BOOM *Moment*
音爆时刻

战略性的声音能够做到的，并不仅仅是放大那种无形的"自我感觉良好"，它能带来结果。而当声音与视觉标识步调一致，在多种媒体渠道讲述故事的时候，这种影响将呈指数级增长。

SONIC BOOM

07
将比赛变成一部大片
超级碗的音爆时刻

> 声音是最强大的情感引擎。它能够揭开体验的序幕,让你注意到之后将要看到的或互动的东西。它能够与服饰颜色、环境装饰浑然一体。

how sound transforms the way
we think, feel, and buy

扫码开启本章视频

2010年，NBC迎来了美国国家橄榄球联盟（National Football league，以下简称NFL）赛季的高峰期。《周日橄榄球之夜》（Sunday Night Football）的平均观众达到了2 180万，较2009年增长了240万人。无论18场比赛的哪一场，它都高居赛季档黄金电视节目的首位。其他任一家电视网络都不能望其项背。从各个方面来看，似乎所有热爱橄榄球的美国人都在观看NBC的节目。

2011年2月6日，Fox推出了第45届超级碗电视节目，平均观众高达1.11亿，这几乎是常规赛的四倍。这档节目一举成为美国历史上最受欢迎的电视节目。

这并不是说，8 920万橄榄球迷只观看了超级碗决赛而没有关注其他赛事。实际上，观众数量的激增是因为那些"伪球迷"。NBC超级碗及《周日橄榄球之夜》制作人弗雷德·高德利（Fred Gaudelli）表示："他们去看这场比赛是因为其他美国人都在这样做，他们是在随大流。"大型比赛往往会吸引更多的观众，那是因为这场最为盛大的橄榄球比赛，是一年赛程中与橄榄球关联最小的一场。超级碗并非针对体育爱好者，而是在服务其他人。"你想要热情款待那些人，"高德利说，"而他们需要的并不是战术介绍或选手信息。因为他们看不懂这些。你并不会指望他们坐下来观看一场比赛就学会这一切。"

超级碗给人的感觉并不那么像体育赛事，而更像是史诗级的好莱坞电影。好吧，问题来了，如果电影没有配乐会怎样？

如果电影没有配乐

一家电视公司想要提高比赛日的收视，音乐无疑是他们最强有力的工具之一。它可以帮公司实现那些看似不可能的业务目标。NFL 比赛转播许可费用逐年增加，水涨船高，电视公司也在提高广告主的广告费用。据估计，30 秒钟的第 46 届超级碗广告标价在 400 万美元上下。如此高的费用，自然令广告主们期待相比前一年更高的收视率。2011 年，观看 Fox 第 45 届超级碗大赛的观众数达到了 1.11 亿，打败了 2010 年 CBS 的 1.065 亿，这也刷新了美国电视节目史上的观看记录。接下来就是 NBC 了。

营销和大场面能够吸引一部分新观众观赛，比如中场休息时珍妮·杰克逊 (Janet Jackson)、贾斯汀·汀布莱克（Justin Timberlake）、黑眼豆豆（the Black Eyed Peas）、麦当娜（Madonna）的演出。不过，赞助商们希望看到的是人们将注意力贯穿整场比赛，而这个时长一般是电影的两倍。据 TiVo 公司统计，Fox 第 45 届超级碗中，最受关注的单场比赛镜头是钢人队（Steeler）四分卫本·罗特利斯伯格（Ben Roethlisberger）给迈克·华莱士（Mike Wallace）传球出现失误的时候。当时距离整场比赛结束仅剩 1 分钟了。 01-02

让大量观众参与其中，直到他们看到故事结束，是弗雷德·高德利的撒手锏。他很快就将这一心得与自己的制作团队分享，不过弗雷德最大的贡献是将 NBC 的 NFL 转播变得家喻户晓的——是他最早将摄像机对准后场球员，展示他们对拿球队员有怎样的影响。他也得到了声音的力量。"我们一直设法让在家看比赛的观众也好像坐到了现场最好的座位上，"他说，"只因为这些家里的最佳观赛位是配有声音的。"这就是为什么你能听到头盔嘎吱嘎吱的声音，四分卫向队友喊叫示意，以及身体撞击草皮的声音。声音给比赛带来了生命，而音乐又进一步将比赛升华为故事——它是情感的引擎。

你也许知道，NBC 的超级碗节目拥有自己的主题曲，你甚至会哼唱 Fox、NBC 或 ESPN 常规赛比赛夜的音乐，但是你很有可能从未仔细注意过这些在节目中起辅助作用的音乐。你可能会意识到，在广告出现前或是广告切回比赛时，自己听到了 NBC 的超级碗主题曲，但是你可能并不了解，这些音乐是怎么做到让你集中精力将超级碗转化为一场戏剧的。你无须理解，也能够感受到它的力量。

弗雷德说："音乐是我知道的最高级形式的娱乐。"神经科学和脑成像在幕后支持着这一过程。纽卡斯尔大学（Newcastle University）听觉认知团队（Auditory Cognition Group）主要研究声音与情感的联系，该团队科学家苏克宾德·库马尔（Sukhbinder Kumar）在研究中多次发现：音乐是所有体验中最强大的触发器。他说："没有什么能像音乐一样，能够唤起如此强烈的情感。"

Music is one of the highest forms of entertainment. There's nothing like it that evokes such strong emotions.

音乐是娱乐最高级的形式之一，
没有什么能像它一样，
唤起如此强烈的情感。

你甚至可能意识不到自己正在听它们，不过，音乐的关键时刻正在做好铺垫，告诉你现在情况有多危急。它们设置了微小的悬念，重述并强调重要的情节波折。这样一来，就算从来没有看过一场橄榄球常规赛，你也不会感到茫然，并且会坚持看完那些价值 400 万美元的广告，然后继续观赛。从功能层面来看，即使你没有盯着屏幕，音乐也能让你关注比赛进程。超级碗的声音就这样大张旗鼓地在你的房间里穿梭，在厨房找到你，告诉你：放下手里的爆米花，节目已经开始了。

在更深的层面上，音乐强调并提升了超级碗中的那些经典时刻，因此你在它们发生的时候，就能感觉到它们。在正确的时间播放正确的音乐，让你觉得自己见证了历史。当你需要一个理由继续留在这个故事中的时候，它会让你深信自己的答案。这与导演们在电影中所使用的工具是相同的：让你在观影时屁股总是坐在座位边缘，或者支撑关键的情感时刻以推进最复杂的情节。电影作曲家汉斯·季默说："如果你和任何一位导演聊天，他们肯定会说，电影的 50% 是音乐。"

汉斯的配乐在克里斯托弗·诺兰执导的《盗梦空间》（*Inception*）中起到了至关重要的作用。巧合的是，这部电影讲述的正是向人们的头脑中植入想法。尽管涉及梦境现实转换、时间维度偏移、多层梦境叠加等错综复杂的情节，2010 年，这部电影仍获得七项奥斯卡奖提名，并荣获"最佳摄影""最佳视觉效果""最佳音响效果""最佳音效剪辑"四项大奖。"音乐是你能从《盗梦空间》这么抽象的故事中成功逃离的方法，"季默说，"它是一种指引你观影旅程的潜意识方式。即使你错过了一些古怪的台词，或是从智力上很难搞明白演的什么（看不懂也没什么），音乐都能让你在情感上理解。音乐让一切都变成了情感体验。"

BOOM *Moment*
音爆时刻

音乐强调并提升了超级碗中的那些经典时刻，因此你在它们发生的时候，就能感觉到它们。

在 NBC，超级碗变成了《星球大战》，这主要是因为它的主题曲——音乐大师约翰·威廉姆斯（John Williams）创作的《外接手》(*Wide Receiver*)。约翰曾为《星球大战》《大白鲨》《亲密接触》(*Close Encounters*)及其他几部经典影片制作过配乐。只需听到一两个音符，你就能立即听出它。正如弗雷德·高德利所说："抛开复杂的问题不谈，你将听着一个重量级的音乐开始观看比赛。"

这也正是我介入进来的地方。2012 年，NBC 邀请我的公司为威廉姆斯创作的这首备受喜爱的主题曲进行一些富有现代感的改编。2012 年，超级碗广告价格继续攀升，预期收视率也愈发膨胀。NBC 高层希望保留原来的 DNA，保持原有主题曲的流行性，但是让曲风更现代，让主题得到延伸。他们已经准备好常规赛的音乐，但是为了那个讲述更宏大、更波折故事的超级碗，他们需要做好更多准备。威廉姆斯造就了魅力永恒的主题曲，而我的工作是让它成为那个经典时刻。

超级碗本身是永恒的，不过随着每一个新的罗马数字（超级碗以罗马数字标号）出现，它又建立在这些无数经典瞬间的集合之上。**超级碗实时见证了球员如何成为 MVP，甚至成为有史以来最伟大的选手。它不仅是他们的万福玛利亚、颠覆性的马拉松长跑，而且是伴随着这些比赛而来的所有朴素真实的情感。这些经典时刻必须一瞬间就能让观众受到感染，即使他们不知道什么是"中卫"、什么是"边锋"。**

07 将比赛变成一部大片 超级碗的音爆时刻

在节目播放时，这些饱含深情的动人声音必须插入到 3~15 秒的比赛空隙中。它们必须在这些片段里激发观众的情感，以及与超级碗多年来的回忆——不仅仅是屏幕上发生了什么，也是那一年那个时刻的感觉：空气中挥之不去的冬日寒意，朋友们围坐在电视机前，比赛开始前、结束后，大家欢呼雀跃。听起来是一个艰巨的任务，但对音乐来说并不难，即使只有短短的几个音节。

认知心理学家、西华盛顿大学教授艾拉·海曼曾发表了有关音乐、记忆、情感力量的研究，他也经常为《今日心理学》(*Psychology Today*)撰写文章。海曼引用了其他发现情感与记忆正相关性的研究后指出："与一段时间或一系列事件紧密相关的歌曲……能够作为回忆的线索把记忆带给大脑，不仅给大脑带来当时的情感体验，同时也能带来怀旧之情。"

音乐不仅是情感的发动机，它还是快如闪电的马格南 V-8。

用音乐致敬新一代观众

不过对 NBC 的超级碗来说，我们不能只是带来更多音乐。我的团队需要挖掘出"能够向新一代观众致敬"的正确音乐风格。新风格将建立在声音的词汇之上，它听起来不能像是溜须逢迎。我们需要与新观众联系起来，并且与当时的经典时刻相关联。这意味着我们需要将一个完整的音乐风格

BOOM *Moment*
音爆时刻

与一段时间或一系列事件紧密相关的歌曲……能够作为回忆的线索把记忆带给大脑，不仅给大脑带来当时的情感体验，同时也能带来怀旧之情。

注入约翰·威廉姆斯的原作，然后用摇滚吉他、嘻哈鼓、电子节拍器，当然还有 dubstep（电子乐的一种）进行扩展。但最重要的是，**我们必须保证真实性，激发各种各样的情感，从而涵盖一场比赛所有可能的故事点：紧张、胜利、乐观、强劲的能量以及其他。**这就像是一部电影在拍摄之前，配乐早已准备好。

最重要的是，我们的音乐需要穿过咆哮的人群，与评论员阿尔·迈克尔斯（AL Michaels）和克里斯·科林斯沃斯（Cris Collinsworth）的旁白同步。在短短 2 小时 13 分钟 54 秒的节目里（不包括商业广告）。我们仅有少得可怜的几次机会来推动所有的情感。哦，而且任务的截止日期也是那么疯狂（我的业务大多数都是这样）。电视产业比其他大多数产业移动得都要快，特别是涉及制作、声音的时候，而电视直播的混乱程度，就像是一场闪电战中的四分卫被暴露在外。我们在超级碗开赛前三周接到了这项任务，这意味着只有两周的时间来创作音乐，预定乐团和不同的演奏者，录音、整合、排列，将音乐提交给 NBC，还要给制作人员留下排练预演的时间。

我们制作的威廉姆斯主题曲改编版，将会成为弗雷德和他的高级音响师们在这场比赛中使用的工具。他们没有人知道需要什么样的音乐，或者具体在什么时候需要这些音乐，不过他们知道，比赛日之前，他们需要把所有声音片段准备好。他们会根据情感因素将我们提供的这些声音分类、设置，这样就能在关键时刻播放。"剧情会实时展开，"弗雷德说，"我们看到它的时间和你是一样的。"

第 46 届超级碗是 NBC 第二次找到我完成这种任务。2008 年，我和团队在《外接手》原作的基础上录制了 8 个衍生版。2012 年，我们又录制了 4 首新曲，主要加入了 4 年间逐渐流行起来的新音乐风格。整个过程中，我们都必须牢记，我们并非是在为超级碗工作，而是在为 NBC 的超级碗直播工作。

没有哪个电视台能够拥有超级碗的全部历史，他们轮换着获得直播权，以及在一段历史中把超级碗盖上自己的印章。甚至无须靠得很近，你仍然可以看到这些电视网络的标识和他们不同的态度：Fox 总是那个言过其实、常常像机器人一样的超人角斗士；CBS 较传统；NBC 则更像是体育的史诗庆典。在一个赛季中，每个转播网络都建立了自己的身份特征，他们都为超级碗注入了自己的 DNA。如果说超级碗本身是迪士尼，那么，这些公司就像是其中的"拓荒乐园""明日乐园""梦幻乐园"。 ◁04-06

此前，我曾有过与约翰共事的经历。2004 年，我有幸与这位电影作曲大师合作制作《任务》(*The Mission*) 的 20 周年纪念版（1984 年，约翰为 NBC 新闻创作了这首标志性歌曲）。如今，该曲的四个乐章中仍有两个在《今日秀》(*Today Show*)、《与媒体见面》(*Meet the Press*) 和《NBC 晚间新闻》中使用。很长一段时间里，原曲都一直光彩夺目。不过随着节目风格和报道方式的变化，这家公司需要一个截然不同的方法来创造出更短的元素，扩展主旋律，从而获得原先主题曲的不同剪辑。[07]

在加利福尼亚州卡尔弗城（Culver City）的索尼电影工作室中，我们打造出了一个百名乐手管弦乐团（这是电视上最大的管弦乐队）。还是在同样的地方，威廉姆斯录制了他永载史册的大多数配乐和原声音乐。我、威廉姆斯还有一位首席小号手坐在隔音室内，乐队其他人在玻璃另一边的大房间里落座准备。我们在这个小房间里看着这位作曲家，看着他让一个本已十分出色的乐手完成了对自我的超越（威廉姆斯的音乐对管乐手来说十分有难度，再加上卡尔弗城的这间工作室进一步降低了弦乐的声音，管乐部分就显得压力更大）。

据我所知，威廉姆斯非常擅长"翻译"。他不仅吸收客户（比如网络或电影导演）的故事讲述需求，还分析语言以判断潜藏其中的情感。之后，他将情感转化成管弦乐的语言。举例来说，一个突发新闻的氛围应该是"焦躁不安的"，威廉姆斯知道应该让哪些部分突出来让整首歌曲升华，满足情感的需求。

在卡尔弗城工作期间，为了完成那首汤姆·布罗考（Tom Brokaw）的新闻节目的主题曲，威廉姆斯挑选出一位名叫蒂姆·莫里森（Tim Morrison）的首席小号手（两人曾在波士顿有过合作，当时约翰正与《流行音乐》合作。后来约翰说服蒂姆来到洛杉矶）。威廉姆斯将莫里森带到隔音室录制他的部分，而不是让他与其他乐队成员一起。威廉姆斯这样做是为了发挥莫里森的最佳水准。莫里森进行了独奏——音准、音高、音色、清晰度、控制力都让人叹服。演奏完成后，威廉姆斯提醒他，即使再过20年甚至更长时间，这段独奏仍然会有很多人听到。威廉姆斯说："一旦他们听到这个，洛杉矶所有小号手都会想把他干掉。"

以前在工作室与威廉姆斯合作的经验，使我鼓足勇气来修改这位大师为超级碗创作的杰作。但是当然，出于对他的尊重，我在录制自己的改编版前询问他是否愿意检查这些配乐或前期成果。他是一位杰出的现代管弦乐作曲家，一个活着的传奇，但是他的经纪人找到我说："不，事实上，乔尔，你只需要做你觉得对的事情。"

声音让不同场景融为一体

可以用来解释我们在超级碗中所使用的这种声音力量的最好方式，就是带你回到迪士尼，去倾听他们利用声音力量时的巧妙方式。在迪士尼主题公园中，你会被五光十色的布置、活蹦乱跳的卡通人物围绕其中，但声音仍然是那个最强大的情感引擎。在这里，声音从未停止工作。几乎每一个曾经踏足迪士尼主题公园的人都感觉过它鼎鼎有名的魔力，而声音至少占据了一半。

它在你刚到停车场的时候"击中"你，在你离开的时候伴随你。**迪士尼用声音在你进入或走出每一个小场景的时**

BOOM *Moment*
音爆时刻

在迪士尼，声音是最强大的情感引擎。在那里，声音从未停止工作。几乎每一个曾经踏足迪士尼主题公园的人都感觉过它鼎鼎有名的魔力，而声音至少占据了一半的魔力。

候迎接你，这贯穿了所有体验——游乐设施、主题园区、节目表演，你都能感觉到。这与 NBC 使用声音完成超级碗广告开始和结束的过渡，提醒你不要忘记继续观看比赛，有异曲同工之妙。迪士尼甚至还在游乐设施的排队线附近使用了环境音乐。当游乐设施或表演结束后，声音会婉转地鼓励你继续前行。无论你是否意识到了所有的迪士尼声音，你都能感觉到它们，它们拉着你不断穿越梦幻。迪士尼对声音环境非常重视，甚至在洗手间也会播放背景音乐。

"一旦走到围墙之内，你就来到了我们的世界，而迪士尼希望你留在这个世界里。"迪士尼幻想工程首席媒体设计师乔·赫林顿说。公园中每一寸土地都有着一个相同的目标——成为真实世界之外的魔法土地。

迪士尼的这场表演也许比你想象中开始的还要早：就在你下车那一刻起。你坐在迪士尼电车里穿越整个停车场时，迪士尼为电车司机们精心准备了剧本。电车司机都经过麦克风礼仪及使用的培训。如果有游客听到这个感觉像是将要经历糟糕的一天，也就是从一开始就将这种不好的体验推向了他，"实际上，我们中大多数迪士尼员工都会找到那位出问题的电车司机让他'机灵点！'"赫林顿说。◂06

这同样适用于那些把麦克风放得离嘴太近或太远的司机。如果你曾经乘坐过纽约地铁，想要弄明白那些筋疲力尽的纽约交通运输管理局（Metropolitan Transit Authority，MTA）的调度员在用广播说着什么，你就会知道这是怎样的体验——如果话筒距离太近，声音听起来就会凌乱、扭曲、响亮、模糊；太远，就像是远距离的耳语或喃喃声。在你最需要关于目的地或为什么到不了目的地的清晰解释时，这样的含糊不清会令人抓狂。◁09

当你在迪士尼电车上听到清脆、信息十足的声音后，你开始有了一种感觉，觉得这里会有些不同，这并不仅仅是因为操作员使用的词语。它并不是任何老式的游乐场。街道是干净的，座位是干净的，最重要的是，这里的声音无懈可击。当你靠近售票口，通过赫林顿提到过的"早期开发区"，你就开始感受到"完整的"迪士尼。"你通过这些门，然后进入公园，突然，你听到了前景音在说，'你来到了这个神奇的地方'，"赫林顿说，"从此处开始，无论你走到哪里，都会有潜意识层的故事娓娓道来。"

每个人都知道《小小世界》(It's a Small World)这首歌，我们大多数人都能哼唱起加勒比海盗景区的《呦吼呦吼，我的海盗生活》(Yo Ho, a Pirate's Life for Me)。但是，也有很多细微的声音在迪士尼主题公园几乎无处不在。扬声器的设计让它们能够隐匿在景观之中，而在你需要声音的时候，它们就会变大，精准地找到你。◁10-11

赫林顿说："迪士尼讲故事的能力有一半来自声音。"他的想法与弗雷德·高德利、汉斯·季默以及所有"讲故事"业务中的精英们不谋而合。这是一种情感设定器，帮助你在正确的时间产生正确的感觉。

BOOM *Moment* 音爆时刻

当你在迪士尼电车上听到清脆、信息十足的声音后，你开始有了一种感觉，觉得这里会有些不同。

BOOM *Moment* 音爆时刻

迪士尼讲故事的能力有一半来自声音。这是一种情感设定器，帮助你在正确的时间产生正确的感觉。

在迪士尼，声音往往能够揭开体验的序幕，让你注意到之后将要看到的或互动的东西。它能够与服饰颜色、环境装饰浑然一体。赫林顿提到："如果你只是让人穿着礼服走来走去，那么在查克芝士餐厅（Chuck E.Cheese）也能看到相同的场景。但如果你让一个穿着礼服的人站在一个花床上，这就是完美的。然后，你可以使用音乐将这些事物联系在一起，营造这个地方的感觉。"

迪士尼乐园分为多个区域，精心制作的声音和音乐能够在你看到牛仔或太空人之前，就知道自己身在何处。举例来说，在加州阿纳海姆迪士尼乐园的主街上，你可能会听到《在圣路易斯遇见我》（*Meet Me in St. Louis*）《历山大的爵士乐队》（*Alexander's Ragtime Band*）以及斯科特·乔普林（Scott Joplin）那首经典的钢琴曲《枫叶雷格》（*Maple Leaf Rag*），或是皮克斯电影《飞屋环游记》中迈克·吉亚奇诺（Michael Giacchino）创作的《婚后生活》（*Married Life*）。你可能会听到老式消防车复制品叮叮当当的警鸣声，或者如果你在佛罗里达州奥兰多华特迪士尼世界，可能会听到华特·迪士尼世界铁路的隆隆声。这气氛是文化传承，是熟悉，你无须看到白色圆柱形的建筑也能立刻感觉到它。◁13-15

沿着一尘不染的街道向前走几步，你就能听到冒险乐园的声音。你可能会听到（即使你并没有注意到），这诱人的音乐正呼唤你走向某个活动或体验。你会发现标志性的加勒比海盗体验。赫林顿说，加勒比海盗总会出现在游客的"必去清单"上，因为它不只是一个游乐设施。它还是一个故事。

BOOM *Moment*
音爆时刻

我们的社会是一个非常依赖视觉的社会。但是，当你把声音取出来以后，很多视觉效果都会被误解。图像并不能像声音那样快地设置好一种情绪。

在你坐着海盗船前进时，乐曲和声音会让你转过头，潜入新的场景——一些海盗正享受着刚刚掠夺来的战利品，其他海盗则坐在牢房中。在你身后，当你把注意力挪开的时候，自动布景又将一切重新准备好，迎接下一批即将到来的游客。每一次，声音和音乐都会准备好场景。按照设计，它们第一个登场。 ◀16

"我们的社会是一个非常依赖视觉的社会。但是，当你把声音取出来以后，很多视觉效果都会被误解，"赫林顿说，"图像并不能像声音那样快地设置好一种情绪。"

当这次体验结束的时候，你走了出去，它就结束了，对吗？错。在迪士尼，声音、故事、梦想、魔法全都不曾停止。迪士尼通过声音让人群在公园中移动。它会在潜意识层面尽量不粗暴地告诉你"离开"。你肯定知道在通常情况下，离开的音乐听起来应该是什么样的。赫林顿说，节奏是这里面很重要的一部分——能量和节奏，甚至是节拍计数的方式，可能都会与你之前听过的一切形成对比。或者在音乐方面，一段音乐可能很明确地告诉你："OK，结束了。你可以离开了，不要忘带自己的东西。"随后又开始播放进行曲。"当你听到进行曲的时候，就不会平静地坐在那里了。"

不过，声音的工作还远未结束。在迪士尼主题公园里，当你最不可能注意到声音的时候，它的工作便更为重要：在游乐设施和园区之间的地带。毕竟，当你离开加勒比海盗景区时，你并没有离开迪士尼。在任何时候，你都必须去感受这个地方，即使你正从情感的（或实际的）过山车上走下来。迪士尼的游乐设施、剧院、园区之间的地方是人流最不拥挤的区域。在这些空间里，赫林顿和他的团队可能会打造一些自然的环境结构，加入精致的音乐，让你能坐下来好好休息，而不必担心错过什么。[17]

在迪士尼，这样的区域被称为减压过渡区。走进这些区域，你会从心里与刚刚游览过的地方脱离开来，但仍然停留在这个完整的迪士尼幻想世界中。它是使你彻底沉浸迪士尼世界的黏合剂，这种状态感觉就像魔法一样。这些区域能够帮你告别刚刚的体验，与此同时，也帮你准备好迎接下一个体验。

虽然你可能并没有意识到这些声音缓冲区，可实际上，它们是根据大脑的工作方式经过精心设计而成的。每一个主题的音乐和声音都被创造出来讲述一个故事。如果它们重叠起来，就会争抢你的注意力。"每当游客走过这种区域时，困惑就会袭来，"赫林顿说，"他们并不知道自己应该听到些什么。他们当然不会意识到是这些声音出错了。这是他们的潜意识在念叨，'我真是晕了，不知道应该去关注些什么。'然后，他们就跑出了这个故事。"

欣赏这些缓冲区，了解他们在迪士尼魔法中所扮演的角色，最快捷的方法就是去想象如果它们不在这里，一切会变成什么样。没了它们，你或许会感觉到，那个故事已经从自己身边溜走了。当然，问题在于，这一切不仅要在几秒钟

BOOM *Moment*
音爆时刻

每一个主题的音乐和声音都被创作出来讲述一个故事。如果它们重叠起来，就会争抢你的注意力。所以，你需要设置声音缓冲区。

07 将比赛变成一部大片 超级碗的音爆时刻

内发生，还必须发生于无形。"如果你觉得这声音突然拍在了你的脸上，或挡住了你的去路，那意味着我们没有做好自己的工作，"赫林顿说，"如果你没有注意到这些音乐，我们所做的努力才是有成效的，因为它让人觉得是对的。"

我为2012年第46届超级碗所做的工作，更多的是去创作一些新的音符，以及开发新的音乐领域。威廉姆斯已经为这场盛事配好了乐，而我的工作就是在观众每次坐完过山车后，迎接他们，帮他们调整心情，再带他们去体验新的刺激。

超级碗的音爆时刻

我不能把《外接手》放在 GoDaddy.com 或奥迪的广告里当作背景乐，但是我可以送观众离开我们的故事，进入这些广告场景，同时提醒他们，已经发生了哪些精彩的时刻，他们回来时将会看到什么关键场景。我的团队给弗雷德的团队带来了近 70 段音乐，几乎包括所有长度、风格以及我们能够猜测到的情绪——给他留了足够的时间坐下来分析哪种音乐主题在哪些情况下最为适用。

比赛过程中，你可能会在关键时刻过后感觉情感的升华。无论你是否已经意识到，音乐都与此有着莫大的联系。下面，我将从声音角度解释究竟发生了什么。

比赛开始前，播音员阿尔·迈克尔斯将这场纽约巨人队与新英格兰爱国者队之间的比赛称为"续集、复赛、加演、第二幕、回到未来"（2008年第42届超级碗，巨人队曾击败爱国者队）。

这是一个焦虑的开球时刻，它可能让你从紧咬的牙关吸入空气。弗雷德·高德利的团队播放了那段我们命名为《游戏开始》（*Play Action*）的音乐片段。

当爱国者的外接手罗布·格隆科夫斯基（Rob Gronkowski）热身完毕，挣扎着忍受脚踝扭伤的痛苦，观众们几乎感同身受。这种极度紧张的感觉，一部分是由重制版的威廉姆斯主题曲《史诗对决》（*Epic Matchup*）带来的。

当巨人队落后爱国者不到一次"触地得分"时，为了让紧张再度升级，弗雷德的制作团队选用了加速、吉他、电子节拍主题的《达阵区》（*End Zone E*）。

当他想要在巨人队稳住势头后，激发出胜利的感情，弗雷德的资深录音师播放了威廉姆斯的原作中一个更偏重小号声的剪辑混音版《后场》（*Backfield*）。

音乐甚至能让你觉得，NBC 必须要播放的那些赞助商环节似乎变得更快，这是因为在赞助商名单列表出现时，比如百威淡啤、奥迪、百事可乐、百思买等，背景乐是威廉姆斯原作的快节奏片段。

不过，能说明"配乐在大型比赛中所扮演角色"的最好例子，是在第 46 届超级碗总决赛阶段。请记住，这场比赛已经被炒作了两周的时间。"因此当它到来的时候，人们已经被吊足了胃口，"弗雷德说，"现在，你就会祈祷这是一

07 将比赛变成一部大片
超级碗的音爆时刻

场出色的比赛。你可以努力讲出有趣的好故事。不过你希望总决赛中能出现悬念，就像2012年一样。"

在"两分钟警告"前，比赛变得异常激烈。这是NFL独有的规定，这种暂停活动最初是为了让负责计时的工作人员把自己的表调到与赛场上的表同步。20世纪60年代发生了变化，赛场钟表成为了唯一的官方计时设备，而那时，电视也开始变得重要起来。两分钟警告是电视网络的一大摇钱树。不可回避的事实是，在直播最为激烈的时刻，NBC会切入5分钟的推销广告，这让世界各地坐在沙发上的观众不得不开始啃起手指甲。

第46届超级碗从两分钟警告转入广告，屏幕上会出现一个画面："最后一幕"。阿尔·迈克尔斯也为悬念埋好了伏笔："大结局即将到来。这里是第46届超级碗！新英格兰……"

大多数观众会感到揪心、焦虑、期待、失望、怀疑、惊喜或纯粹的喜悦。这时，音乐有了最重的分量，并且创造了超级碗最重要的一个音爆时刻。这声音延长了整个美国的气息，可能还让一些体育迷们回想起自己第一次观看球类比赛时的场景。一路走来，这个配乐帮助NBC在这场万众瞩目的直播上盖上自己的印记，成为几十年传统的一部分。想象一下，在这12秒钟的时间里，如果没有任何音乐，观众会觉得自己被抛到了广告的海洋中，而且没有救生衣。如果这时错误的音乐响起，他们会觉得自己从故事里被弹了出去。对迪士尼而言，这就好像从拓荒乐园走向明日乐园时，没有任何声音过渡，也没有过渡区域。

不过，感谢弗雷德和他的团队，那时响起了正确的音乐。屏幕上闪烁着各种激烈时刻的影像。观众们看到巨人队外接手马里奥·曼宁厄姆（Mario Manningham）那载入史册的经典接球，双方教练的欣喜和沮丧，愁容和笑脸。这里有扣球，有庆祝，健壮的后卫球员们单膝跪地指向球门。这里有巨人队四分卫伊莱·曼宁（Eli Manning）、爱国者队四分卫汤姆·布雷迪（Tom Brady）、巨人队防守球员贾森·皮埃尔-保罗（Jason Pierre-Paul）和其他人的镜头剪辑。这12秒中的一切，标志着一场史诗般的对决，两支球队2008年第42届超级碗的翻版，那场比赛中，巨人队以17∶14击败爱国者。渐渐地，这看起来有种似曾相识的感觉，似乎是什么重新来过。最终，就像是一个模子里刻出来的。

在两分钟警告和几个乏味的动作后，场上仅剩5秒钟，布雷迪仅剩最后一次机会。从41码线上，他将一颗"炸弹"扔进了达阵区。6名巨人队队员围住了两位爱国者接球手。球飞落下来，爱国者的格隆科夫斯基扑出接球，不过球却超过了他的指尖，砸在草皮上。比赛结束。巨人队获胜。《史诗对决》在背景中越来越响亮，而这一次是完整版。比赛已经结束，但是，每一个好剧本都需要一个结局。

巨人队赢得了文斯·隆巴迪奖杯（Vince Lombardi Trophy）。伊莱·曼宁捍卫了自己"史上最伟大四分卫之一"的荣誉，得到了MVP奖杯。《史诗对决》将成为这场直播的收官音乐。当比赛中的精彩画面最后一次回访时，观众们听到了我们为新版威廉姆斯主题曲加入的重金属吉他和弦。画面从夺冠时刻的场景，切换到赛后反应的拼接。一切都是慢动作。伊莱·曼宁跳了起来，拥抱自己的队友，然后慢慢跑到场地中央，高举双手，红白蓝三色彩带不断落在他身上，他正在媒体与安保混战的中心。镜头切到汤姆·布雷迪，他低下头，揭下头盔步履沉重地穿过球场。最后几分钟就好像一场电影的结尾。声音为超级碗混乱场面的背后填入了秩序和情感。它将这一切转化为一场告别。管乐、吉他、鼓和弦乐的高潮再一次汹涌而至，带来紧张。彩条再一次闪闪发光。佳得乐洗浴（Gatorade）[①]从巨人队主教练汤姆·考夫林（Tom Coughlin）的头上冲下。阿尔·迈克尔斯、克里斯·科林斯沃斯都不再出声。第46届超级碗的标识再一次出现，最后一次占据屏幕，然后这场体验宣告结束。音乐做到了这一切，但是，你不需要对音乐有所涉猎就可以感觉到它。

如果没有尼尔森家族的电极设备，想要科学检验音乐的工作效果根本无从谈起。这是一个整体的感觉，参考了很多因素。拿橄榄球打个比方，声音就好比突破拥挤嘈杂的后防线的最后四码，它是带来触底得分的推动力。它不是一次长传，也不是这场比赛的剧本，它是一个有效的跑动，往往没有什么夸张的言行。如果我的工作没出差错，我绝对不指望听到有人专门提到这些音乐。

声音并不是要全权负责第46届超级碗精彩的第四节比赛。但它能够升华剧情，即使这剧情本身已经有了足够的张力。除此之外，声音也从来不是中立的。如果在你想要有所感受而声音却让你分心的时候，如果它在激烈对抗中突兀出

BOOM *Moment*
音爆时刻

声音从来不是中立的。如果在你想要有所感受而声音却让你分心的时候，如果它在激烈对抗中突兀出现的时候，你会察觉到。而如果它令人生厌，你肯定会记住。

[①] 美国体育比赛，胜利一方用冰镇饮料捉弄主教练的传统。——译者注

现的时候，你会察觉到。而如果它令人生厌，你肯定会记住。

第 46 届超级碗大赛打破了 2011 年 Fox 创下的收视纪录，成为美国历史上观看次数最高的一档电视节目，平均观众达到了 1.113 亿。根据尼尔森提供的数据，收视高峰的出现比预想中要早许多，在晚上 9:30 至 9:58 之间（比赛的最后半小时）——当时平均有 1.177 亿人在观赛。

我紧赶慢赶，在一周内完成了所有的编辑，因为在这之后，我只有一周的时间为乐队和乐师们录音，并完成制作，这样再往后一个星期，为 NBC 留出再次斟酌的时间。在威廉姆斯的支持下，我们将 10 种不同编排扩充到了 70 种，以应对每一个可以想象到的情感。而根据威廉姆斯的要求，我在一切完成之后，给他寄去了装有所有不同剪辑片段的 CD。两周过去了，我没有从他那里得到任何消息。我心想，哦，不是吧。我知道他已经看过了那场比赛，因为他是一个狂热的橄榄球迷。但我也知道他是一个不爱张扬的家伙。终于，我还是受不了这个"悬念"的折磨，打电话给他的经纪人："我只是好奇，约翰是不是检查过所有的音乐了。"

"哦，让我看看。"他说，随即挂掉了电话。

直到那天晚些时候，我才听到回复。当你想听到什么的时候，沉默会让这种等待仿佛永恒，这是声音另一种颇具力量的工作方式。最后约翰的经纪人给我回电话说："是的，约翰说，'干得漂亮。'他很高兴。"我也放下了包袱。

BOOM *Moment*
音爆时刻

当你想听到什么的时候，沉默会让这种等待仿佛永恒，这是声音另一种颇具力量的工作方式。

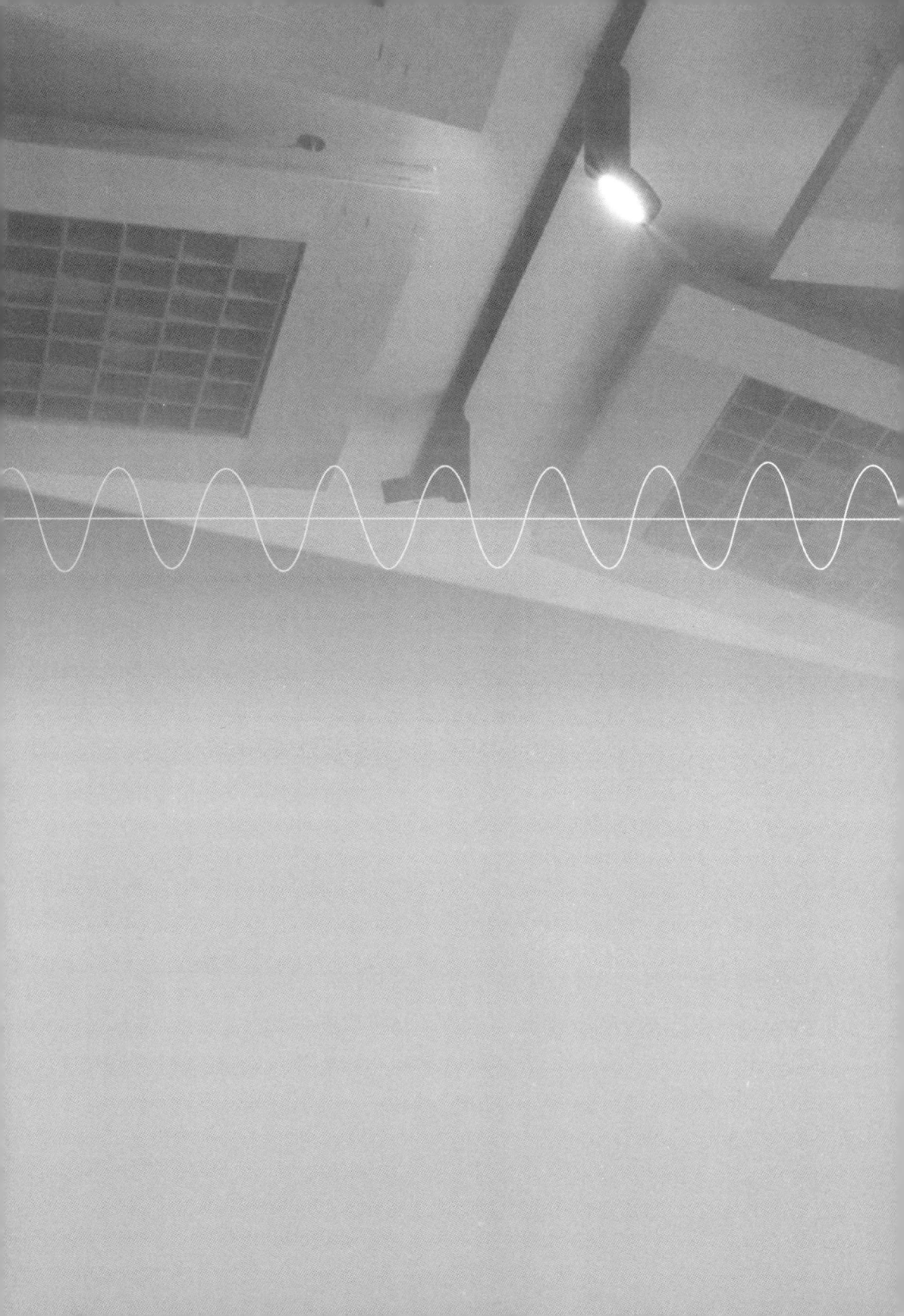

SONIC BOOM

第三部分

打造个人的音爆时刻

how sound transforms the way

we think, feel,

and buy

SONIC BOOM

08
转换场景
设计专属的声音体验

> 一旦你开始有意识地思考声景，尝试微调你对这些声音的认识，你就可以让这些无意识的事物变得有意识。你还可以为自己和他人设计专属的声音体验。

how sound transforms the way
we think, feel, and buy

扫码开启本章视频

你无法把声音抓到篮子里称重，也不能赞美它的外表。你不能开车带它去兜风，触摸它，或者从一位富裕的亲戚那里继承它。它只是空间中的能量。但是，你能确确实实地感觉到它，充分利用它，并且无须成为音乐家、专家、DJ 或是伟大的演说家。

还记得哈曼的听觉研究项目主管肖恩·奥利弗博士吗？在他的研究中，他试图弄清楚人们是否在乎耳机和其他音频工具中的声音质量。

奥利弗安排两组听众对一组耳机的声音质量进行评分：一组是受过训练的，一组是未受过训练的。令人惊讶的是，他发现从受过训练的听众那里得到的信息，与未受过训练的听众那里给出的信息一样多。奥利弗表示："未受过训练的听众倾向于给所有的耳机更高的评分。"但是，两个组对声音的评分又遵循相同的曲线。他们都展现出了区分好听声音与难听声音的能力。最后，奥利弗得出了这样的结论："普通人生来就拥有进行品质判断的能力,特别是将他们置于所有事物都受到控制的环境中,这种能力就更加突出。"

你已经具备了分辨声音的能力。你不必为了从声音中得到更多以及在自己的日常生活中打造音爆时刻,而成为哈曼那支受训过的专业听众团队中的一员。

在本书中,我涉及了隐藏在音爆时刻后面的一些神经科学、心理学和社会学知识。你已经了解了声音,甚至是短促声音是如何传递信息和情感,以及如何帮你决定采取怎样的行动的。我已经向你展示了有效的声音品牌化的原则,也讲述了声音如何在一些高风险的商业挑战中大显身手的案例。本章的内容关于你自己。音爆时刻和音爆时刻中的机遇无处不在,每天都会有数不胜数的机会等待你去把握或创造,你没有办法——预测声音能够影响你生活的场景。但是在本章,你将看到如何使用声音转变各种各样的场景。一旦你开始有意识地思考声景,尝试微调你对这些声音的认识,你就可以让这些无意识的事物变得有意识。你还可以为自己和他人设计专属的声音体验。

生活中的声景

音爆时刻性感、迷人,是为解决日常难题而生的基于声音的解决方案。它们可以将潜在的尴尬场景转换为信心推进器,或是为日常活动添加意义。简言之,它们丰富了我们的生活,赋予我们关键信息,帮助我们在自己的世界中航行

> **BOOM** *Moment*
> **音爆时刻**
>
> 音爆时刻和音爆时刻中的机遇无处不在。每天,你都会遇到数不胜数的机会,等待你去把握或创造。

08 转换场景
设计专属的声音体验

并获得我们所需之物。它们还帮助我们创造意义深远的时刻,在这里,我们觉得不负此生,忙碌充实。音爆时刻是连接我们自己和他人的时刻,它们是我们之所以为人的一部分原因。

Boom moments are moments of connection to ourselves and others. They are part of what makes us human.

音爆时刻是连接我们自己和他人的时刻,它们是我们之所以为人的一部分原因。

无论你是否意识到,从你睡醒的那一刻起,就已经开始精心雕琢属于自己的声景了。想想闹钟的声音,它是你移动设备上那些预设铃音中刺耳的一首?还是一个像寺院里的钟鸣那样更具禅意的闹铃?没有人愿意被刺耳的声音叫醒。这种声音会让人受到惊吓，或者至少，它会产生负面情绪。有时候，人们甚至将那些劣质的唤醒声音赋予人格，把它当作粗鲁无礼的人，而非电子设备。你或许会朝着那个没有生命的闹钟咆哮——"如啦！好啦！"当然，你也可以坐起来，伸个懒腰，享受一个更为舒缓的唤醒声音，或是从一个可以细声慢语地播放新闻的闹钟那里获得信息（一些运行安卓操作系统的智能手机已经具备这样的功能，在你醒来时播放今日事件、头条和约会安排）。◀01-03

现在，你睡醒了，想想你的家听起来会是怎样的。我已经向你展示了在零售店里有效运用声音的原理。但是，正如你呼吸的空气、看到的世界、吃掉的食物一样，围绕在你周围的声音和音乐塑造了属于你的环境。

甚至在起身以前，窗外鸟儿叽叽喳喳的叫声或汽车鸣笛声就可以让你立即猜出大概的时间。一些简单的事物，比如冰箱或是暖气片工作时发出的嘶嘶声，会让你产生一种熟悉的家的感觉。我们大多数人都不需要靠壁炉取暖，但如果你在某个寒冬的清晨生起炉火，那些燃烧着的木柴发出的噼里啪啦声，还是能让你回忆起某些温暖的片段。

但是，大多数家庭都不会去刻意考虑声音。在大多数情况下，我们为减轻声音而做出的努力，根据的只是些看上去正确的道理。同样，我们关注家里的视觉布局和所用材料，也是根据一些看上去正确的道理。我们劳神费力地研究瓷砖、壁纸、地板的颜色和纹路，但几乎从未考虑过这些材料如何

BOOM *Moment*
音爆时刻

正如你呼吸的空气、看到的世界、吃掉的食物一样，围绕在你周围的声音和音乐塑造了属于你的环境。

08 转换场景
设计专属的声音体验

BOOM *Moment*
音爆时刻

某些讨厌的噪声是可以用另外一些声音"中和"掉的——自来水声、风声、白噪声。低成本的噪声机器可以帮你屏蔽掉一些不需要的声音，营造出寂静的效果。

与声音互动。我们同样也不太会深究诸如墙壁角度等的细节，多数情况下，我们会建出 90 度的墙角和平行的墙壁，这可能会导致内部声音来回反弹，逐渐在起居室中央制造出一个完美的噪声风暴，这也就解释了为什么开派对时会那么吵。

在城市中，多数人都住在单元楼里，他们通常都接受悬在头顶的城市噪声或是脚步声作为自己城市生活的一部分。他们借助耳塞或者安眠药来入眠。但是，某些讨厌的噪声是可以用另外一些声音"中和"掉的——自来水声、风声、白噪声。你或许不认为自己对外面传进来的声音有多大控制力，但是，低成本的噪声机器可以帮你屏蔽掉一些不需要的声音，营造出寂静的效果。举个例子，在纽约，打开电风扇就可以掩盖掉窗外的狂欢声和汽车鸣笛声，或者头顶那个笨手笨脚的邻居发出的声响，又或者是所有这些声音。

自从你了解了所谓的寂静其实与负空间有关，你就可以在自己的家里制造寂静或是寂静的体验，就像迪士尼所做的那样。

我们或许会思考让居住区远离外部声音，但我们不会把相同的关注度，放到家居与真正想听的声音之间的互动上面。教堂的天花板很美，但是如果它让你听不到自家电视机发出的声音，你会作何感想？一个没有内墙隔断的 LOFT 户型具有开放、宽敞的视觉吸引力，但是如果你在二层卧室的每一次窃窃私语都能被坐在起居室的人听到，你又会作何感想？

想想看，你明天早晨在自己的公寓里走路。你也许已经费了很大力气训练自己每天忍受在家中听到的噪声或声音垃圾,但即便是自己家里的声音,也不是离你最近的声音。

当你穿好衣服后,花点时间想想,你通过身上衣服发出的声音传递了什么信息。我们都清楚地了解时尚的视觉影响,但是又有多少人会在把一件衣服买回家(然后穿上,出门逛街)前,在试衣间里听听这件衣服的声音呢?如果你穿上一条新裤子,每走一步都会发出有节奏的摩擦声,你会有多尴尬?

并非所有的时尚信息都是错的,衣服的声音可以向他人传递出有用的信息。当你从自己那没有窗户的办公室里听到大厅里传来的尼龙或橡胶雨衣摩擦发出的声音,或是湿橡胶鞋底踩在混凝土地面上发出的声音,你就会知道,下次出去的时候需要带把雨伞。

衣服的声音同样可以传递更为微妙的信息,从而影响你对他人真实情况的了解。当你听见一个女人身上带着的珠宝发出叮当声时,你会怎么想?如果换成男人呢?想一下拉伸皮质衣服的声音,你会对穿着它的男士或女士有什么看法?现在,想象相同的声音出现在工作场合。你会把工作靴与体力劳动联系起来吗?那么警用腰带呢?想象钥匙环上穿着一串叮当作响的钥匙,有人戴着它走向你的办公室,你能从声音中了解到有关那个人所在位置的什么信息呢?如果听起来那个钥匙环上有一大串钥匙呢?会是大厦管理员吗?你是不是刚刚意识到工作到太晚,清洁工都准备上班了?

没有什么东西会像一双鞋那样讲故事。不光鞋本身可以讲述很多，鞋子的声音也可以讲述有关一个人的步伐，甚至他的性格的故事。如果你在办公室工作，有没有人是你不需要抬头看，仅凭他／她的鞋子或走路的声音，就可以立即分辨出来的？是一个在拖着脚走路的默默无闻的实习生，还是一个脚步响亮干脆的领导带着一个需要你解决的问题急匆匆地走向你？

你的鞋子是否把信息传递给预期目标了？问一些人，他们会告诉你，如果鞋子踏在地面上发出"咔哒"声或"嗒嗒"声，他们会觉得鞋主人着装更得体，也更专业，或者更端庄。硬鞋底多数意味着商务人士或政府人士。如果你穿着硬底鞋的鞋或高跟鞋，想要传递出自己属于某一行政级别的信息，你就有必要对此负责——**如果打算使用这些声音撒谎，那么你就是在"祈求"别人来拆穿你，声音变成了谎言的提示。**但是，如果鞋子发出的声音可以准确并且有区分地诠释出穿鞋人的信息，又会如何？比如你正在约见一个客户，并且希望拿下这个客户，或者你希望在一次求职面试中得到录用，前面所提的硬底鞋的声音就会派上大用场。

"我想要说明的是，如果你制造了很多噪声，那么正在靠近的鞋子声就不会有吸引力了。"洛杉矶著名鞋匠帕斯奎尔·法布里奇奥提到。对他来说，一双会发出"尖叫"声的鞋子听起来就很便宜。廉价鞋子的制造商会把鞋跟造成中空，以达到削减材料成本的目的。帕斯奎尔表示："如果鞋跟是空的，鞋子就会很响，也很不礼貌。" [05]

身为洛杉矶享誉盛名的鞋匠，帕斯奎尔要和很多"名脚丫"打交道。他说，平日里最常见的工作就是确定某位要走红毯的明星的鞋子不会太差劲。一位帕斯奎尔不愿透露姓名的女演员曾找到他，请他帮忙去掉高跟鞋的响声。"鞋子里面有个气穴。"女演员说道。她并没有详细说明这双鞋子究竟发出了什么难听的声音，只是莞尔一笑。他问道："气穴？"其实这位女演员不想说的是，她打算穿的这双鞋在走红毯时会发出放屁的声音。想象一下《美国周刊》（*US Weekly*）的头条会怎么写吧。

另外，鞋子声传递出的信息也展示了一个人的步伐和步伐的所有内涵。帕斯奎尔认为，响亮的鞋子声就如同拖拖拉拉的走路声一样令人绝望。"听起来就像是嚼口香糖，"帕斯奎尔说道，"我不认为有人会说，'你可以嚼着口香糖去参加求职面试，这没什么大不了。'同理，鞋子也是如此。如果你发出声音，这个声音就会很烦人。你的鞋子踩在地面上发出的声音就好像在说，'快看我！'"

你随身携带的设备同样可以向你或你周围的人传递出信息。如果人人都用点心思考虑下从自己手机发出的声音，整个世界或许会变得清静一些，或者说不那么恼人。这里有一个你今天就可以尝试的实验，虽然小但是很有效。抽出几分钟摆弄一下自己智能手机的声音。为一般联系人或者你的家人设置一个专门的、有意义的铃音，当这些人给你打电话、发短信或电子邮件，或与你用即时聊天软件聊天时，铃声就会响起。留心一下，下次他们联系你的时候，你可以省下多

08 转换场景
设计专属的声音体验

少时间和精力，或者是多不着急。

你的手机可以提醒你各种各样的事情。在正确的时间响起正确类型的、有意义的铃声，可以提供的信息要远多于一首流行歌曲的片段，或是与来电不符的铃声。如果你妈妈打来电话，但是铃声却是跳跃的樱桃乐队（Buckcherry）的《疯狂的婊子》（*Crazy Bitch*），这合适吗？通常来说，预载铃声比没有感情、没有附加信息的品牌声音要略好一些。没有只言片语，正确的、精心准备的声音可以告诉你，你的某位亲人已经平安到达了目的地；它也可以让你再次确认，通讯或交易是安全保险的；它还可以在工作信息或突发新闻传到手机时营造出紧迫感。◀06

当你走出家门去上班或者去别的什么地方，这首交响乐就开始奏响。对城市中的通勤族来说，一个刺耳的声音会让他们的步伐突然加快。人的说话声和汽车声、风声、鸟叫声，以及所有技术性声音混杂在了一起。不再是声音不时地提醒你一两次，而是你现在要穿越"杂音堆"，找到属于自己的声音生命线——正在靠近的地铁或公交车，你的汽车的警报声、引擎声、广播声都意味着你的通勤生活的新篇章。

办公室的生产力噪声

当你工作的时候，声音起到的作用更大，它可以加强或是抑制创造力和生产力。

2012年，研究人员进行了一次实验，他们制作了一个

BOOM *Moment*
音爆时刻

在正确的时间响起正确类型的、有意义的铃声，可以提供的信息要远多于一首流行歌曲的片段，或是与来电不符的铃声。

混合声音——有自助餐厅里的交谈声、马路上的汽车声和远处建筑工地的噪声，随后调整音量，以测试外界噪声的影响。在一份《噪声总是很糟糕吗？》（*Is Noise Always Bad?*）的论文中，研究人员指出，温和的外界噪声加强了创意活动的表现，促进了大脑中的抽象过程，而高分贝的噪声则对创意有害。

我们或多或少都有同样的感觉；你可以测试一下这个原理，使用一些根据这个实验结论设计的能提高生产效率的 App 或服务，转变某个空间。雷电空间（Thunderspace）App 可以制造一些白噪声来帮你集中注意力。Coffitivity 既是一个网站也是一款 App，它可以模拟一间咖啡厅在一天多个时段的声音。另一个名叫 Ambiance 的 App 提供了多种创造性声音。每个月似乎都会有这种类型的新应用程序发布，你可以在任意一个应用商店很轻松地找到。⦗07-09⦘

下一次，当你乘坐远途航班或火车的时候，试试看，是不是集中注意力做一件事变得容易一些了？这里的白噪声不光让你的食物尝起来更清淡，让你的零食变得更脆，它还屏蔽了令你分心的事物，让你忙碌起来。

我带着耳机，伴着一种低频白噪声完成了本书的部分章节。这样做的效果就是即使我坐在拥挤的咖啡厅里、通勤班车上或是满屋都是小孩吵闹声的家里，也能拥有负空间或寂静。白噪声不只是增加了表面上的寂静，还增加了你对所处空间与另一个声音源之间的感知距离。

BOOM *Moment*
音爆时刻

温和的外界噪声能够加强创意活动的表现，促进大脑中的抽象过程，而高分贝的噪声则对创意有害。

08 转换场景
设计专属的声音体验

一旦你变成了精通"利用声音转变空间或提高生产效率"的高手,你或许就会开始思考其他通过声音提高你效率和学习能力的方法了。

想一想许多人都学过的"一项法案怎么变成一条法律"。《我只是一项法案》不仅是一首歌,它是所有美国公民最基本的一课。几乎很难想象,如果没有把密西西比("Mississippi")里的一连串字母 i 变成带节奏的强拍,要怎么背下这个单词。拼音是一个经过验证的、有效的学生学习阅读的工具。在学术环境下,或为旅行死记硬背一门外语时,试着找一些把声音和音乐结合起来的学习方法。通常来说,你会记得更快、记得更久。

用声音讲述你的故事

在工作中,声音会对他人对你的看法产生很大的影响。

我和同事们经常讨论,品牌和公司有多需要属于自己的独一无二的声音(或旋律)。我们一直在思考,大家的品牌故事听起来会是怎样的,我们可以怎样处理声音和音乐,让听众"秒懂"这些故事。这些品牌正去往哪里?它们从哪里来?它们的品牌定位和价值如何?故事背后的故事又是什么?

当借助声音来回答这些问题时,你必须使用这种"语言"。我没有说你必须即兴演奏活页乐谱,但是你必须理解乐器串联起来的情感、故事和体验。当我负责拓展音乐巨匠约翰·威廉姆斯那首经典的超级碗主题曲《外接手》时，我对这个项目备感惶恐。我不得不借助新乐器的音域来帮助制作人，使他们在演奏这首曲子时创作出一个令人意想不到的"剧本"。即便在商业广告中，正确的音乐也是把观众与体验紧密联系在一起的十分重要的一环。

单单作为个体，你无须求助传奇作曲家、著名音乐人的嗓音或是经典摇滚乐队的声音来讲述自己的故事。无论身在何处，你都可以做到。你已经知道怎么借助发型、汽车、正在读的书本，甚至是你听的音乐来展现自己的个性。你可以为各种场景精心修饰这些细节，比如正式场合穿无尾礼服；想让别人对你的到来印象深刻就要坐豪车；等候室里如果正对面坐着一位漂亮的女士，你就要拿起一本知识、文艺类刊物《纽约客》(New Yorker)，而不是封面图片尽是衣不敝体的女郎照的男性娱乐杂志 Maxim。但是，声音也可以给人留下很深的第一印象。

想想属于你自己的音乐——平常上班路上听的音乐，帮你面对每天的生活或是在你睡眠严重不足、压力过大时帮你提起精神的旋律。当你希望用声音将下一次业务会议盖上属于自己的"印章"时，就从那些音乐中挑出一段来，把它当成自己的颂歌，在同事到来前，按下"播放"键。如果想和别人分享你的兴奋与激动，就放上一段原声吉他 jam① 或流行音乐；如果想要营造一个更有意义的氛围，来一首 R&B

---

① 吉他用语，大致意为飚琴，即兴演奏，多指乐手与乐手之间互相切磋。——译者注

或正经的经典摇滚乐。是的，你会得到许多在业务会议前如此使用音乐的评论——或许是轻声窃笑，好一点的话，或许也不过是微笑或哈欠？说直白一些，《别担心，开心点》（*Don't Worry, Be Happy*）这类歌可不能把满是季度亏损的电子报表变成阳光和彩虹。你不会想用激进的饶舌乐、金属乐或是重击电子乐来搭配所有场合，但是，如果音乐挑选得当，贴合你想表达的故事，就能让这个故事在会议结束后许久，仍能引起与会者的共鸣。往往还没等你开口，那声音就已经替你道出故事里最惹人动情的真谛。随后的演讲就能帮你确认听众们的真实感受。

BOOM *Moment* 音爆时刻

你的嗓音亦会对别人对你的看法产生巨大的影响。人们会根据嗓音做出各种各样草率的判断。

你的嗓音亦会对别人对你的看法产生巨大的影响。人们会根据嗓音作出各种各样草率的判断。这个女人很严肃？他是认真的吗？他听起来不像是警察……

事实上，你发出的声音要比说出的话语本身更加重要。"当声音信息和言语信息相矛盾时，声音会胜出。"知名言语与非言语交流专家、加州大学洛杉矶分校名誉退休教授艾伯特·梅拉比安（Albert Mehrabian）在《不用词语交流》（*Communication Without Words*）一文中写道："如果有人用下流的语调叫你'宝贝'，你很可能会讨厌；也有可能，说'我恨你'却表达出完全相反的感情。"他还引用了耶鲁大学的乔治·马尔（George Mahl）的发现，人们在话语中掺杂的"嗯"和"啊"，表现了说话者的不适或焦虑。梅拉比安通过自己的研究总结出一个规律：**在口述信息的整体影响中，7% 是言语造成的，38% 是声音造成的，55% 是面部表情造成的。**

这个规律的各种版本都已经在日常活动中得到印证。

莎拉·加里根（Sarah Garrigan）[①]是一个商学院的"学霸"，尽管在各个面试里都表现不错，但总是得不到录用。她后来发现，其实是她的说话方式导致自己一直被拒之门外。

莎拉有加州大学伯克利分校的经济学和商学双学士学位，并且在美国排名前三的咨询公司担当过管理顾问。更圆满的是，她曾在一家旨在缓解贫困的非营利组织中担任过单身父母的兼职财务顾问。后来她决定进入西北大学凯洛格管理学院（Kellogg School of Management）攻读 MBA 学位。凯洛格学院是众多权威机构评选出的世界顶尖商学院之一。

在攻读硕士的第一年，莎拉开始寻找暑期实习机会。对所有商学院学生来说，找实习都是一项压力不小的体验，因为竞争十分激烈。那些得到最好实习机会的佼佼者们，最后大都被正式录取了。莎拉希望成为一家关注消费者的科技公司的产品经理，为此她投递了超过 15 份实习申请。

之前的工作经验让莎拉知道应该如何着装、如何在面试中表现自己。第一周，她参加了 4 个财富 500 强公司的面试。但是，全都没有了下文。

莎拉慌了手脚。是自己说错了什么话吗？她自认为提到了所有相关要点，并对此表现出了很高的兴趣，而且证明了自己已经完成相关学术研究，有充足的知识储备，很渴望

[①] 化名，尽管确有其事，但为了保护隐私，Quantified Impressions 公司对部分细节信息进行了模糊处理。

得到实习机会。她在脑海中不断回放自己的面试过程，终于悟出了其中的缘由：或许重要的不是说了什么，而是自己说话的声音。

这个问题是 Quantified Impression 公司帮她发现的。这家位于得克萨斯州奥斯汀的公司专门为莎拉这样的人进行私人的、专业的、有组织的分析。这家公司与凯洛格管理学院合作开发了一个行为评估平台，其中很多灵感来自梅拉比安的研究。

在一项研究中，Quantified Impressions 将 120 位高管的演说提供给 100 名听众和 10 位专家，并要求这 110 位"评委"给出反馈意见。尽管实验数据与预测值略有不同，但这项研究的结论仍然证实了梅拉比安的研究成果：高管说话的方式占到了影响评委打分因素的 23%，而演讲的实际内容仅占 11%。如果这个结论是正确的，那么莎拉在求职面试中提到的所有想法和经历的重要性，都不及"她如何说出这些内容"的一半。

莎拉给 Quantified Impressions 公司发送了一段自己演说的视频。公司分析师通过软件和技术分析了这段视频，并比较她的同龄人情况，评估了她的语调与表达效果。

分析结果显示，莎拉是一个"扬声讲话者"。你是否曾经听说过这种说话习惯，说出的每句话都像是在提问，甚至这句话不是疑问句时？每个句子结尾的音调都比该句其他部分高？这个问题在"00 后"一代中相当普遍。这样说话的本意是为了吸引听者，用说"你知道吗"的语调来说每句话（并不会真的说出这几个词）。但是这样说话经常会惹怒年长的人，或是让他们以为这样说话的人比实际年龄要小、经验要少。莎拉还了解到，当她紧张的时候，语速就会加快。在她提供的视频里，她的讲话频率达到了263Hz，而女性的平均值仅为216Hz。另外，她把每句话开头的词讲得太快，每分钟语速达到了220个词，而同龄女性平均值只有170个词。[10]

Quantified Impressions 公司最后得出了这样的结论：上述三个问题导致这位拥有实际工作经验和优秀素质的"女学霸"听起来是"年轻的，没有经验的，靠不住的和不诚实的"。她向其他人传递的非言语信息，直接与她自己经过寒窗苦读和职场熏陶培养起来的真实个人素质之间出现了矛盾。

莎拉随后约见了 Quantified Impressions 公司一位声音教练布瑞尔·戈登伯格（Briar Goldberg）。戈登伯格教会莎拉辨别令她紧张进而语速加快的场景，以帮助她改变扬声说话的习惯。戈登伯格给莎拉布置了严格的发音练习。莎拉对"家庭作业"并不陌生。到下一轮面试开始前，她终于克服了之前的"坏毛病"。后来，一家位于旧金山科技腹地的公司向她伸出了橄榄枝，她也如愿以偿进入这家令自己十分满意的公司实习。

有效的非言语交流同样还是一项行之有效的销售策略。超级巨星们的励志演讲，比如托尼·罗宾斯（Tony

Robbins）[①]、博恩·崔西（Brian Tracy）[②]和汤姆·霍普金斯（Tom Hopkins）[③]让很多人敢于向人群讲话。但是在过去20年，当这些明星还需要自己卖票招揽观众来听自己的演讲时，他们请来了"电话销售教父"盖瑞·科尔希尔（Gary Coleshill）——在个人网站上自称"当之无愧的冷不防电话之王"。据盖瑞自己估算，截至2013年，为了向人们推销比如励志演讲门票或其他东西，他已经打过近100万个电话。他最主要的工具就是自己的嗓音。他掌握了大量让人们不会挂断电话的词汇和对话策略，而且还能让人们对他正在销售的东西产生兴趣。但最为重要的还是，他每次在电话接通时的语气。 11-13

盖瑞提到，销售人员的声音都太过亢奋，所以他通常都会用一个较为平缓的语气开始对话。他明白如何对症下药——找到适合的声调。举例来说，当你在发号施令时，最好使用深沉的嗓音，用高声调问问题比较容易得到回应。他还熟知不同地区的人会有怎样的反应。早晨给纽约人打电话，他会说："我知道这样不太好，甚至有些唐突。"下午给北加州夏洛特人打电话时，他又会说："我必须做一次深呼吸，让它慢下来。"盖瑞解释说，所有的把戏就是"让他们感觉你是他们的一份子。让他们觉得舒服得好像在跟自己的邻居聊天"。重中之重是，盖瑞来自英格兰，讲的是英式英语。

---

① 励志演说家与畅销书作家，是当今最成功的世界级潜能开发专家。——译者注
② 美国首屈一指的个人成长权威人士，演说家，教育家，企业家。——译者注
③ 被誉为"世界上最伟大的推销大师"。——译者注

他将自己的口音视为珍宝——美国人几乎很难把讲着英式英语的人与推销员联系起来。盖瑞还说:"即便有时候会有交流障碍,但他们会更卖力,也会比平时更有耐心。"这里的余地——客户没有很快挂掉电话,就是盖瑞成功法则的一部分。这为他多争取到了一点时间,说服客户自己讲的是真的。"你必须麻利地让客户上钩。对我来说,这就是冷不防电话销售的精髓。"盖瑞总结道。

当你需要做演讲或讲故事的时候,可以试着运用盖瑞的策略。如果你正抑扬顿挫地飞快叙述一个话题,试试看降低语速和节奏,在讲到关键点的时候,加重语气。这种转变会让你的听众感到意外,让他们更加注意你的话语。当盖瑞遇到某人说没钱买某样东西(无论是什么东西)时,他就会放慢语速,拉低嗓音。或许他会这样讲:"这就是——为什么——现在是买入的最佳时机。"人们会大感意外。什么?为什么这么说?他就会接着说:"价钱——永远——不会——像现在——这么——低了。"

艾莉森·达夫蒂(Allison Dufty)是一位知名的广播编辑和配音演员。如果你最近去过曼哈顿的自然历史博物馆的第四层,或许已经听过艾莉森正在讨论化石和恐龙——她的声音会伴随着触屏设备上的图像出现。她的声音还出现在芝加哥艺术学院和洛杉矶 J.P. 盖蒂博物馆(J.P. Getty Museum)等一些地方的语音导览中。此外,她还为旧金山湾附近一个热门乘船游览项目和天使岛有轨电车游览项目配音。她也曾为医疗巨头 Kaiser Permanente 开设的健康咨询热线录音,就

BOOM *Moment*
音爆时刻

如果你正抑扬顿挫地飞快叙述一个话题,试试看降低语速和节奏,在讲到关键点的时候,加重语气。这种转变会让你的听众感到意外,让他们更加注意你的话语。

连她自己都忘记了这码事。几年后,她患上了顽固的支气管炎,拨打了那个健康热线。结果,她得到了自己声音说出的自动回复。

在工作时,艾莉森把大量时间花在了思考自己嗓音的发声方式上。然而第一次为 GPS 导航设备录音时她说她搞砸了。她用一种活泼的声音录制了信息——不是绵软的,而是欢快的。六个月后,她的客户回来找她,告诉她公司接到了用户的投诉。艾莉森回忆道:"所有人都说我的声音听起来太柔和了。"用户希望听到一个不带情感的嗓音,他们并不想听到带有她性格的声音。"事实上,他们希望我的声音是中性的。"

艾莉森的工作需要她留心口语的基本组成部分。这些天来,她经常发现自己录制的片段和原声剪辑似乎有无穷无尽的版本。语句不会因为取舍某些词汇而发生变化,而是会因发音的方式而变化。她说出的这些词语既出现在句首,也出现在句尾。以高音结尾的词语后面还有下文,而低音结尾的词语则预示着陈述告一段落。用不同的语调说出,同一个词汇可以表示出陈述与提问两种不同的含义。跳出这些语境,她的录音听起来可能是废话,但这些词语组合起来,就形成了类似你从 Siri 或者 Google Now 那里听到的回答(但其实,这两个语音助手听起来都不是艾莉森的嗓音)。艾莉森谈道,这些答案片段的录制时间可能前后间隔了几年。配音师将这些声音、词组、单词串联起来,做出一个完整的声音。她说:"如果你做对了,那这个声音听起来就像是在聊天。而如果你做错了,这个声音听起来就会像勒索信。"

无论作为 CEO、管道工、朋友、家人、建筑工人还是老师,我们大家都需要讲得清楚、说得明白。它既会影响你私人生活和职业生涯里人际关系的成功度,也会在升职和工作满意度方面起到关键作用。人们说话的方式和说话的内容一样重要。当你希望说服某人或证明一件事时,试着刻意在关键时刻减慢语速、降低语调。利用短暂沉默的力量,在恰当的时间点改变自己的节奏,让自己的话被听得更清楚。用低沉的声音说话来传递权威的信息,提高声调让听众注意到你的问题就像盖瑞所做的。

How people say things can be as important as what they say.

人们说话的方式
和说话的内容一样重要。

用声音治愈你的伤痛

研究人员一直在探究声音和音乐的益处。毫无疑问,声音有治愈功能。我们生来就知道，一个舒缓的、熟悉的嗓音和歌声，或者仅仅是一个平静的背景或自然的氛围，可以显著减轻压力，帮助人们控制疼痛，并且可以增加幸福感。千百年来，僧侣们在宗教仪式里使用过编钟、锣和其他具备复杂谐波结构的乐器，他们通过这些仪式获得必要的共振频率，而这些频率又帮他们定义了身为人类的经历。不过，有些更简单的方法也可以同样有效。聆听鸟儿的声音，即使是录音机里的鸟鸣，可以降低你的心率，使你在几秒钟内平静下来。或者，只是闭上眼睛，集中注意聆听自己的呼吸声，也可以起到同样的效果。轻笑声（特别是你自己的声音）可以帮助你在某些场合缓解紧张和压力。

音乐疗法已被证明在某些情景下是有效的，例如，在接近或者与患有心理和脑部问题的病患（如抑郁症和阿尔茨海默症）交流时。有的时候，中风患者或者正在从脑损伤中康复的患者，在重新开口说话前就可以唱歌。对他们来说，唱歌是旋律音调疗法（Melodic Intonation Therapy）用到的治疗手段。[15]

2011年1月，亚利桑那州国会女议员加布里埃尔·吉福德（Gabrielle Giffords）在一次暗杀活动中遭遇枪击。她通过旋律音调疗法恢复了讲话能力。2013年11月1日，中国台湾研究人员在对16位饱受偏瘫折磨的中风患者的研究中发现，给这些患者播放古典乐似乎比播放白噪声或什么也不播放，更有助于改善他们的视觉注意力。

甚至没有患过中风的人也可以受益于音乐治疗。你是否感觉在开完一整天的"背靠背"会议或是被孩子团团围住后，大脑变成了浆糊？这项研究还提到，你的整体认知可以通过音乐休息来改善。你能否在一个清静的角落或房间里，戴上耳机，偷闲20分钟？声音放松可以显著改善你的视觉注意力，帮你迎接接下来的挑战。

用声音提升你的状态

你或许正在使用Nike+或其他将音乐与运动结合起来的应用程序。但是，心理学研究显示，音乐帮你得到的可不止锻炼。

在2010年一份研究中，英格兰科研人员向12名健康的男性学生播放了6首流行歌曲，这些学生以各自选定的速率骑自行车。随后，研究人员提高或降低了歌曲的速率。他们发现，这些受试者不仅在歌曲加速时提高了骑车速度，而且"歌曲节奏越快，他们越喜欢"。音乐对锻炼有益，锻炼也会让你更喜欢音乐。所以，请花点时间挑选一个歌曲列表，或者，确保你正在使用的锻炼软件"明白"在你需要的时候能加快音乐节奏。

伦敦布鲁内尔大学（Brunel University）的科斯塔斯·卡拉吉奥吉斯（Costas Karageorghis）博士研究音乐的心理学效应已有20多年。2011年，科斯塔斯在一份对过去40年科学研究的综述中写道：音乐可以帮人减轻疲劳感，提振情

> **BOOM *Moment*
> 音爆时刻**
>
> 音乐对锻炼有益，锻炼也会让你更喜欢音乐。所以，请花点时间挑选一个歌曲列表，或者，确保你正在使用的锻炼软件"明白"在你需要的时候能加快音乐节奏。

08 转换场景
设计专属的声音体验

绪，提高耐力和代谢效率。音乐甚至可以让人们感觉到，他们听音乐时，不太费力就能获得与没听音乐时一样的工作成绩。"从这个意义上来说，音乐可以被当成是一种合法的兴奋剂。"

事实上，很多年之前，美国田径协会（U.S.A. Track and Field）曾决定"为了保证运动员安全"，禁止运动员在比赛中使用iPod和其他音乐播放器。这条规定遭到了跑步运动员们的反对，后来修改后的规定只适用于会获得奖品或奖金的锦标赛中。

所以，下次锻炼时，听听音乐来提高状态；睡醒以后，听听音乐醒脑；每天上班路上听听歌。无论你正在做什么，用声音和音乐提高自己的效率吧。睡觉前听一曲放松一下——安眠药完败！当你利用声音的力量时，唯一的副作用就是你对"可能的事情"的定义会发生改变。

SONIC BOOM

结语
场景的未来
一个更动听的世界

> 只要有意愿去研究身边的各种声音,商业、活动、事业和个人都可以凭借声音有所作为,因为大多数技术已经为人所知。一旦他们做到了,就可以创造出一个更动听的未来。

how sound transforms the way
we think, feel, and buy

扫码开启本章视频

BOOM *Moment*
音爆时刻

声音会成为商业、故事叙述及社会活动中的下一个前沿领域，认识到这点的人们一定会大有裨益。所有人都有机会。

当一些智者改变了我们平日里使用的媒介，推动我们阔步前进时，音爆时刻就藏身于这些通信技术进步的过程中。电报演变为电话，电话变成了通往互联网的门户，而网络又成为我们与知识连接的基础。在网络上分享知识，结成了我们与他人联系的纽带，即所谓的社交网络，它激发了我们对隐私、商务和故事讲述的观念的根本转变。我很乐意去思考那些我祖母一生从未敢憧憬过的技术性与知识性的改变，即便她已经活着见到了很多变化；或者去思考那些我现在无法想象，但是将成为"子孙们生活里不可分割的一部分"的转变。

一些成功穿梭于隐私陷阱、平稳度过了思想或技术创新的多数转变的早期试水者们，都已经创造了巨大的财富。虽然 Facebook 已然成就了数位善于利用分享数据的亿万富翁，但是它仍然会作为一个强有力的引擎为社会运动服务，更有效地凝聚变革者们参与其中。我相信，声音会成为商业、故事叙述及社会活动中的下一个前沿领域。声音还是隐匿于已经成熟的现代通讯网络（包括数字通讯和模拟通讯）中未曾被人揭开面纱的机遇。固然，人们运用声音做广告、营销已有几十年时间，但目前为止，尚没有成规模的利用声音的案例。认识到这点的人们一定会大受裨益。所有人都有机会。

这就是声音所关乎的所有：为你的生意、事业或私人生活，认识和利用声音。当你理解了声音如何在自己大脑内工作，比如街巷里的冰激凌卡车上传来的叮叮当当的声音，餐盘里热气腾腾的菲希塔嗞嗞作响的声音；毫无疑问，声音转瞬间就抓住了你的注意力，让你感受到真实的情绪，回忆过去并采取行动。事实上，此刻你已经知道这个"声音火花"的名字——音爆时刻。 01

无论何时，如果正确的声音在正确的时间传递了来自其他感官的海量输入信息，你都会意识到，这些都是音爆时刻。你现在明白了声音如何成为日常场景中不可或缺的一部分，那些微小的、功能性的或是个人的声音，比如鞋子声、枪声、咀嚼食物的声音、笑声和人们的嗓音——如何绘声绘色地讲述故事。

所以，根据前文所提的原则来利用声音，它的效果将是可靠的。你已经可以区分开叮当声和完整的颂歌之间的根本差别——前者可能会深深地敲打进你的长期记忆，而后者则在声音的语言中捕捉到一个完整的故事；并做出比目前大多数拥有亿元预算的营销师们更为有效的判断。你已经掌握其

结语　场景的未来
一个更动听的世界

BOOM *Moment*
音爆时刻

无论何时，如果正确的声音在正确的时间传递了来自其他感觉的海量的输入信息，你都会意识到，这些都是音爆时刻。

中玄机，可以看透那些最聪明的品牌和艺术家们的高明手段：如何将受众的注意力集中于声音和音乐塑造的体验上，而非声音或音乐本身。AT&T 曾经做到过；NBC 凭借约翰·威廉姆斯的帮助（或许我和我的团队也有过贡献），也曾在超级碗转播中成功过；马丁·路德·金利用声音创造了历史，向数代人展示了将一项社会运动做得充满人情味、富有个人特征的奥秘；声音甚至推动 Univision 这样的品牌与此类社会运动缔结了姻缘。

但是，你不必借助声音操持一家大公司，或是"领导"一场运动，你可以用它来改变日常生活——从早晨起床到每天的通勤，从做重要的报告到去餐厅吃晚餐。现在，你终于明白了以后去哪里钻研那些我介绍给你的声音。商业、活动、事业和个人都可以凭借声音有所作为——如果他们有这样的意愿，而大多数技术已经为人所知。一旦他们做到了，就可以创造出一个"更动听"、"工作效率更高"、更有意义的世界。这将弥补我们生命中的诸多缺憾。

场景中的声音与场景中的人

声音是所有物理空间不可或缺的一部分。声景将某一地点赋予意志。空间中的声音可以影响你的速度——走路的速度、吃饭的速度或是锻炼的速度（这就是为什么你不在体育馆里听佩里·科莫的歌的原因）。当一个地方很宁静时，声音马上就能告诉你；空间里的声音也能创造出人们所理解的寂静。纯粹的声音暗示可以改变你对某一环境的感觉。想想

看，当你在餐厅里被服务员安排到"一张角落里的桌子"或"一张角落里安静的桌子"时，对这家餐厅的看法会有何不同。◀02

我们应该打造更多公共空间，作为"声音是有力量的"这个概念的佐证。塑造声景，应该如同建造风景一样。毕竟，一棵树不是让大地看起来更美或输送更多氧气的有效方式。树木吸引鸟儿，鸟儿会制造出让我们联想到和谐和宁静的声音。微风拂过，树叶沙沙作响。只凭外观，流水也不会更动人。这些空间中的元素都是动物们的居所，而动物们的声音又讲述着光阴流转、四季变换的故事。大多数自然的声音可以用在室内，或只是在窗外，都可以达到相同的目的。在都市，停车场的概念可以被改写了：我们可以打造出一个到处是经过精心雕琢的音爆时刻的停车场。

公司也可以在办公室区域普及声音的使用。现如今，开放式办公空间统领世界，极少人可以关上办公室的门获得私人时刻，休息室或个人空间可以根据需求、心情或是感觉进行布置，作为供人们调整心情或是将一天重新来过的驿站——它们不必总是让你平复情绪，也可以让你为某个关键会议迅速"充电"，再或者让你在运动完回家前落落汗。

或者考虑一下，利用声音的力量，在相同的布置里创造视觉上的寂静：一些拥有开放式格局的智能办公室从天花板向下定向广播白噪声，以此创造一个虚拟的降噪空间，让身在其中的人们即使近在咫尺，也可以同时接听电话或与人交谈，而且又不会打扰彼此。

声音同时还可以影响我们在这些空间里的行为，包括我们的购物行为。由于实体商店正在和网络购物角力，它们必须变得更擅于利用声音才能存活下去。当你走进一家商店时，它们会为你提供展现自己社交图谱的机会，你的音乐将会奏响——在耳机里或是头顶上，具体情况视商店规模而定。你会很受用，觉得这家商店就是属于你自己的商店。隐私将成为一个主要阻碍。但是，如果不这样做，我们也得不到这种更个性化、更令人愉悦的现实体验。我们允许 Facebook 记录我们在 Spotify 上的音乐喜好，然后发表评论或点赞。我们在 Pandora 或 Google Music 等流媒体广播服务上，以位置数据的形式分享自己的一举一动，然后它们使用这些数据以增加自己的优势。又有何不可呢？是我们赋予它们这个权利的。我们希望获得更多经过雕琢的体验，我们也正变得越来越希望分享关于自己的数据。另外，音乐还是通向一种有利的个人表达方式的门户。

在广告和营销中使用个性化的声音，既令人寒毛倒竖，又令人为之倾倒。想象一下，你正在一个拥挤的商场或购物中心买东西。闪烁的灯光和灵动的招牌乞求得到你的瞩目，明亮的色调"怂恿"你赶快去参加"买一赠一"活动。其间，一首歌曲片段或一声技术性的蜂鸣间或穿透嘈杂直抵你的耳朵。你的智能手机突然间"热闹"起来。你打开手机，看到一个应用程序推送来的通知——暂且把这个应用命名为"音爆"，它正在向你展示，哪些品牌在使用声音向你传递信息（就在写作本书时，一款名为 Shazam 的手机应用增加了新功能，支持手机自动不间断地监听歌曲和品牌。Shazam 是首款支持用户通过智能手机鉴别、购买在自然环境中听到的音乐的应用）。或许这款假想出来的应用给了你一个它听到的品牌折扣，或是地图，或是指示。品牌声音是你日常"配乐"的一部分，而这款应用还可以记录你的日常配乐。像这样的应用可以自动过滤噪声——那些没有传递给你信息或没有指引你行动的声音。为了最大限度减少噪声体验，大部分人就会开始分享自己的个人信息。

声音让生活更简单

谈到用户界面的设计，仍有各种各样的声音机遇等待人们挖掘。用户界面是我们接触技术的途径。最好的用户界面常常能令技术完全融入体验中，令人无法察觉技术的存在。"就这么简单"，这句话是史蒂夫·乔布斯对苹果设备用户界面的评价。

人们在用户界面与声音触发器互动，但大多数时候，这些声音于人无益，他们并无任何含义，他们也没有讲述更宏大的故事。最好的情况下，它们是整齐划一的。举个例子，科学家和设计师们已经可以用声音来表示道·琼斯工业指数度量的交易量。但是，为什么华尔街交易员们没有使用这类声音工具传递"情况紧急"的信息呢？比如价格暴跌或暴涨时，尽早得知就可以早作应对。在这种情况下，交易员们像不像凭借声音来预警敌情的战斗机飞行员？需要烹饪多道菜肴的厨师，可以使用不同的直觉性通知声，来判断哪道菜已经做好了。当距离下一场会议还有若干分钟时，你的日历可以发出有效的声音来提醒你，而不是在你正忙着工作的时候发出一声闷响，然后突兀地弹出一个文本对话框。**声音可以塑造出这样的风景——我们在其中做出重要的决定，并获得更好的、更加周全的结果。**

相比之下，用户体验中的声音可以帮我们节省很多时间和精力。想想你上次用银行的 ATM 机，如果用户体验里没有声音，你需要费多大力气盯着屏幕，确定按下的按钮都是正确的呢？同样还是这个系统，或许可以成为某个金融机构的声音策略的一部分。如果更多的银行都创造了更好的声音标识，会怎么样呢？像 AT&T 的颂歌那样，一首属于银行自己的配乐，或许就可以涵盖这个品牌所有与众不同的特质：大众的银行、世界最方便的银行、世界上最受信赖的银行，等等；颂歌可以出现在电视上、广播里、网络中，出现在这家银行品牌的所有地方。它可以被提炼为更加细小的声音，无论何时何地，只要这家银行促成了一笔交易，就会听到这美妙的声音。回到 ATM 机前，你每输入一位密码数字时听到的声音都可以是颂歌主旋律的一部分。这时，取钱将会成为一个令人愉悦的游戏。你的密码将变成独一无二的，没有人可以光听声音就知道你按下的数字，但是你所听到的那个与数字对应的声音，总能体现出这家银行的声音标识。你的大脑会渴望完成这首小曲，因为它已经熟悉这种模式，还因为你在所有地方都听到了这支曲子。另外，你不仅知道按键时是否按的足够用力，而且不用太留心就知道现在按到第几位密码了。每当你"演奏"完这首小曲,你就能取到钱了。每次你听到这个声音,这个反馈循环就重复了一遍——它成为颂歌的一部分,甚至在那些你花在等待服务上的不那么方便的时间里也是如此。你会记住这种得到所需之物时的感觉,这个声音会加强正向的体验。

最近,我的公司有幸与天气频道合作。天气频道掌控并运营着一个特别受欢迎的移动应用,在写作本书时,已拥有上亿的下载量。我们创作出了一些警告的声音——要下雨了,或者来了一些更恐怖的东西,比如飓风来袭。随着天气恶劣程度的提高,这个提示信号会变得更引人注意,听起来就像是一个警报器,无论你在哪里,它都在用声音提醒你赶快去避难。关键之处在于,在你掏出手机查看详情前,就能察觉到正在迫近的危险天气。这个声音使你立即就能知道,将要发生什么事,需要对这个事件给予多高的关注度。◀03

在这个人们越来越倾向网络购物的时代,网上商城应该更加斟酌声音的使用。购物网站 Gilt.com 正在试水向新注册用户发送警示音。当用户们听到那个让人振奋的、听起来很急切的声音提示时,就知道闪电特卖活动开始了。日复一日,粉丝们都爱上了听到那个声音时被激发出的亢奋感觉。如果当你解锁了一项特殊的 VIP 体验或奢侈品折扣时,在线商店会播放一个声响,这会有什么效果?一旦你习惯了这种模式,那个正确的声音就会巧妙地帮助你在购物体验里获得所需。◀04

结语 场景的未来
一个更动听的世界

数据声音化与声化DNA

实验室、医院、社会科学中心和大学都可以收集蕴含在数据发声中的知识。NPR在2014年1月的一则报道中提到：医院已经成为"警报疲劳"的重灾区——为了强调事件紧急性，医院里一直充斥着各类警报声，但这些声音很少能够传达出有关正在发生事件的有意义的信息。波士顿医疗中心系统工程师詹姆斯·普林克（James Piepenbrink）向NPR谈道："三连爆破音是危机警报，意味着涉及生死的情况。但是两连音只是提醒，它可以代表很多事情，既可以是潜在的致命事件，也可以是相对无害的事件。"医院对此的解决方案是对多数警报进行消音处理。但是，为什么只因为与哑掉的声音有关，就要浪费所有那些有价值的数据呢？甚至只是简单地提高、降低或改变"嘀嗒声""咔哒声"的速率，就可以讲述一个更有内容的故事。

我们最近开始着迷于借助数据可视化揭示隐藏在数据中的知识。信息图表虽然大多数都考虑不周，但也在设计界风靡一时。这些图表成了互联网上最受追捧的内容之一。它们都以吸引眼球的方式运用了颜色或几何图形，符合大脑渴求的模式和解构模式。这些可视数据将我们带入了数据所讲述的丰富故事中，而这些数据如果只是原本的数字或字母，很有可能被我们忽视掉。声音也可以获得同样的效果，甚至生效所需的时间更短。一个有趣的声音可以承载各种情感或内涵——升调或降调、加速节奏或减速节奏（呈现某些事物），都可以像图像一样吸引到同样的注意。但是，就算我们看着

BOOM *Moment* 音爆时刻

一个有趣的声音可以承载各种情感或内涵——升调或降调、加速节奏或减速节奏（呈现某些事物），都可以像图像一样吸引到同样的注意。

其他方向（没有看声音的源头），声音还是可以起到作用。在日益加速的信息时代中，用声音来呈现数据是大势所趋。

在不远的未来，用声音可以做到更多事情，一个人的声音差不多就是这个人的声化 DNA。1979 年，普利策奖获奖作家道格拉斯·霍夫斯塔特（Douglas R. Hofstadter）就已经开始讨论 DNA/RNA 测序问题。而多年后，科学家和作曲家开始让这些序列"发声"。最近，已经有人提出，将人类 DNA 和 RNA 发声作为一种比较、分析这类序列的手段。

目前，我们识别文档主要依靠视觉。渐渐地，某些访问密码开始基于声音设计——通常是该用户本人的声音。但这种方式仍然存在问题，比如用户感冒了怎么办？孩子们在变声期，声音发生变化了怎么办？诚然，这为诈骗和滥用埋下了隐患，但如果主要的通用识别方式是某个人的 DNA 序列，而那个 DNA 序列以某种歌曲的形式表示，又会怎样？银行、汽车、手机、家庭安保系统里，这首歌将无处不在。

专属声音的未来

詹姆斯·邦德和《周末夜生活》（Saturday Night Fever）的约翰·特拉沃尔塔（John Travolta）并不是唯一拥有专属配乐的人。现代的流媒体音乐服务和设备让你无论身在何方，都可以随心所欲地播放想听的歌曲。但是，总会有一些音乐在你的脑中回荡——甚至可能像耳朵虫一样，你也许不会喜欢，但实际上，它每天都会帮你完成日常事务。

无论这个属于你的声音隐藏得多深，它都可以随时随地出现在你的指尖。你可以一天内多次拉动自己的声音触发器，以便快速传递需求或喜好，或是调整自己的情绪。这已经成为你不断表达出的声音标识的一部分——从你的嗓音到鞋子的声音，所以，为什么不去提炼、放大这些声音呢？你的专属声音可以与你形影不离。横置于音乐平台与你的音乐播放空间之间的缝隙最终将会消失；无论在办公室、汽车里，或是车库、起居室里，还是从一个地点走到另一个，这个播放列表都无需停止。

倘若你把手机想象成放在口袋里或是钱包里的音箱，会发生什么呢？只是它是一个安装了碰巧知道你当前位置的软件的音箱（如果你允许它这样做），无论你正在旅行还是站着不动，还有时间、日期和一些私人信息，比如你的生日、你朋友和家人的生日。检查一下你的 Facebook 或 LinkedIn 设置，或许你已经在这些社交网络上分享过这类信息，或许这些社交网络已经悄悄收集了你听过的音乐种类。如果你选择参与，如果你最近使用过任何一款流媒体音乐服务或社交软件（去读读"使用协议"吧），你很可能已经加入，会有一款应用程序根据你所处的环境，自动做出相应调整。你或许仍对需要放弃的隐私抱有异议，但这样一款软件的实际体验，也许令你感受到更多的是神奇，而非被冒犯。它会以一种让你感觉很有意义的方式，让生活变得更加井井有条。比如 Beats Music、Songza、SoundTracking 等应用，通过要求你用自然语言手动输入当前心情、活动或特定位置等信息来为你创建歌单。睡前提供海浪声或白噪声助你入眠，早起又会提供一个杀手海滩播放列表或者一首温柔的周末唤醒混编曲。

用不了多久，你或许就会顺从地收集度假时的"声音游记"，帮自己回忆在某一旅行地点的感受，又或是捕捉亲朋好友的声音，在想念他们时播放出来，仿佛他们就陪伴在自己身边。若想回忆与妈妈、爸爸、哥哥、姐姐、儿女或男（女）朋友相连的感情，只需要按下一个按钮。

如果我们可以在人与人的层面上，分享各种声音来传递各类重要信息和情感，会发生什么呢？声音和歌曲可以代表你选择分享的信息，比如你的地址、手机号码、E-Mail甚至更多。我们所有人都共享一个通用的声音语言，这个语言跨越了文化与语言隔阂。无论身处世界哪个地区，你总可以找到公共厕所的标识。

倘若我们拥有了可以表示"行走""停止行走""加速""减速""前方危险""警察""火灾""紧急出口""停""走"这些意思的通用符号，会发生什么呢？国际旅行会变得更加容易，让人不再那么"压力山大"。我们会交流得更好：无需费尽心思搞清楚"厕所"用英语、日语或波斯语应该怎么说，只需要给陌生人用口哨吹出那个旋律即可。就把它称作声音版的世界通用语吧。

无论在什么环境里，你的声音和音乐都可以派上用场，只要它们有实际意义。唯一的例外就是需要无声的时候。正确的声音可以帮你营造出人们理解意义上的寂静。

结语 场景的未来
一个更动听的世界

BOOM *Moment*
音爆时刻

无论在什么环境里，你的声音和音乐都可以派上用场，只要它们有实际意义。

想象一下商家们在生活中所使用的低水平的白噪声屏障。它可以在客厅和起居室之间创造出缓冲地带，这样一来，儿童吵闹的噪声就不会影响到大人们用餐时的对话。

高速公路旁的民居听到的"嗖嗖"的汽车行驶声，在播放反公路噪声（这个声音的频率与公路噪声的频率互相抵消）后，就会神奇地消失。人们只需要在一小片缓冲区域播放这个抵消噪声的声音即可。

纵观所有声音带来的好处，没有哪个比它能给你带来个人生活的愉悦和力量更具影响力的了。它是不折不扣的快乐工具，几乎所有具备正常听力的人都可以受益于它——同样也是有助于理解本书的工具。

在本书开篇部分，我曾承诺，从此，你聆听世界的方式一定会发生改变。我希望你已经开始注意到之前未曾留意的事物——那些你从未意识到存在的声音，那些声音所触发的情感或记忆，以及声音转变心情或谈话方向的方式。

本书旨在帮助人们打造一个"更动听"的未来。现在，你已经知晓如何识别周遭环境里的声音，你将"听到"更多机遇。我希望你会继续前行，大胆尝试打造属于自己的音爆时刻。即便我已在声音和音乐的世界里摸爬滚打多年，与众多睿智的、富有创造力的同事共事数载，但现在仍每天继续学习有关声音那强大的、无处不在的影响力的新知识。

米开朗基罗曾说过一句名言："每块石头中都有一尊雕

像。雕塑家的任务就是去发现这尊雕像。"同样的概念也适用于生活中的声音。我们需要凿穿围绕在那个理想的声音体验周围的层层噪声，寻找到音爆时刻的机遇。

即刻启程。当你放下本书，闭上眼睛，想想所有你听到的声音。这些声音都拥有让你有所感觉的力量，其中蕴藏着等待你来挖掘的故事。在某个地方，音爆时刻正在等着你。

结语　场景的未来
一个更动听的世界

译者后记

也许,这本《音爆》是我所接触过的最"复杂"的一本书了。当然,这不是因为文字晦涩,也绝非内容太过专业,说它"复杂",是因为阅读时,我经常要调动几乎全部的感官。

作者贝克曼细腻的笔触,让我在每个案例中都能得到一种身临其境的快意。描写菲希塔铁板烧的那段文字,立刻勾起了我在美国留学时第一次去Chili's餐厅就餐的回忆,我几乎瞬间就领悟了作者所描绘的"音爆"时刻:走进餐厅大门,耳畔是此起彼伏的"嗞嗞"声,寻声望去正看到煎肉慢慢渗出油脂的样子,鼻子也突然嗅到了烤盘煎炙之下肉类所散发出的独有香气。回忆到这,口水不自觉地就开始在我的喉咙里打转,胃部竟也不自觉地翻滚起来,泛出了一阵尴尬的咕噜咕噜声……

"诶诶诶……",刚才那没来得及掩盖的胃部咆哮,立刻引来了老妈的注意,"刚吃完,你怎么又饿了?"想必这咕噜声,已经让她脑补出了一连串生动画面:也许是早饭时我独自解决掉的那屉小包子,也许是我窝在沙发里看书的懒相,当然也有可能是我那段时间脱缰狂奔的体重秤读数……有人说一幅图胜过千句话，那么此处，说一种声音胜过千张图，绝对也算不上夸大其辞。

不过说实话，刚拿到这本书时，我对作者的描写并不信服。在我看来，声音和音乐无外乎是些调味料，没它只会少点风味，但仍是瑕不掩瑜。正巧，那段时间才重新翻看过盲人作家海伦·凯勒名篇《假如给我三天光明》，我便决定不如"就让我一天失聪"，来验证无声也能胜有声。

这似乎也是最佳的"失聪"时机——那时，忙完论文的我，正要开始从圣安德鲁斯到曼彻斯特的看球之旅。想到不用怕火车的"哐哧哐哧"打扰清梦，也不必去烦躁球场永远超过噪声定义域的热情，我立刻找来耳塞，又在头上罩上了个大耳机——整个世界立刻就被按下了静音键！

和要送站的好友联系后，我又拿起了手边的《音爆》。不知过了多久，我才突然被兜里手机的震动者吓了一跳：朋友已经等得不耐烦了。以往她骑着那辆哈雷来时，我从不需要趴在窗口，因为拉风的轰鸣便是下楼的闹钟。出师未捷身先死，我居然还没出门，就认同起了贝克曼的那句："声音比光还要快"。

到爱丁堡韦弗利火车站时，阳光给整个古城镀上了一层金黄。可我却总觉得它比以往少了些韵味，可究竟少了什么一时又说不清。到火车站后，"失聪"的我便遇到了新麻烦：由于听不到广播，我只得目不转睛地盯着大屏，等待站台信息的更新。想起以往我都是用数独打发这段时间，心里的天平不自觉地又向贝克曼倾了几分。

到了曼彻斯特冲上Metro，相同的烦恼阴魂不散——没了声音提示，我只能抬头望向车厢连接处袖珍的提示屏。可倒霉的是，曼城的地铁从不缺少壮汉，于是我便成功地坐过了站。狂奔向老特拉福德的路上，即使有着耳塞和耳机的阻隔，一阵欢呼声还是漏入了耳朵。"哇！肯定是曼联进球了！哦！倒霉，我还得跑快点！"——那声音的"漏网之鱼"已经带来了"音爆"，我的脑袋里回放了无数的进球镜头。

历尽周折终于到了座位上，可坐下才一会儿我居然起了困意。强打起精神、哈欠连天地环视看台，不小心和旁边的小哥四目而对，看到我困倦的样子，他先是一脸的不可思议，然后笑着摘掉了我头上的耳机。这时我突然听到一个奶声奶气的声音："Somebody Help Him！"（谁去帮帮他吧）。随声回过头，邻座穿着红色队服的小男孩着急得叫着，我望向球场，斯马林（Smalling）又一次传球失误。恢复听力后，老特拉福德梦剧场那种顶级的观赛体验，也一下子全回来了。摘掉耳机我便没再继续一天的"失聪"体验，因为我已完全理解并认同了贝克曼对声音的狂热。

回到爱丁堡已是第二天上午，悠扬的风笛声在火车站口迎接着四方来客，整个城市也恢复了往昔的灵动——原来前一天古城的失色，正是因为听不到声音的我，错过了曾无数次经历又无数次忽略的"音爆"。其实每个有味道的城市都有着属于自己的配乐，它可能是爱丁堡王子街上风笛吹奏的《漫步神秘园》，可能是不来梅街巷里小提琴演绎的《蓝色多瑙河》，

译者后记

255

可能是整点的海德堡此起彼伏的教堂钟声，也可能是阿姆斯特丹火车站中旅人们用钢琴奏出的乡愁。倒是为家乡北京遗憾起来，我们的配乐究竟是过街通道里二胡拉奏的《二泉映月》，还是地铁里乞讨者的《流浪歌》？

音爆的那一瞬间所有感官被听觉激发出了一种和谐体验，这是声音的能量，也是《音爆》的魅力。随着书页一张张从指尖翻过，我惊奇地发现自己耳朵的潜力，被作者的文字一点点地挖掘了出来。回到小镇后，我用心找来了作者所提及的每一段音乐、每一部电影，正式开始这本书的翻译。《音爆》最终编译完成后，我感觉到自己的耳朵完成了一次不可思议的成长，自己能比身边的朋友捕捉到更多的声音细节，因此也就能在单位时间捕获更广泛的信息。

在此，我要感谢作者贝克曼，是他用文字启蒙了我的耳朵。

本书译稿成文，离不开家人和朋友的支持与鼓励，谨借此机会向胡凤英、郭建伟、温霞、俞瑾、武上晖、赵鹏飞、王少珍表示感谢。感谢"逼着"我从小学习乐器的爸爸妈妈，没有你们的坚持，我的世界会错过无数美妙的声音。感谢留学时的舍友们，没有你们的陪伴，我不可能一个人勇敢地看完贝克曼在这本书中提到的每一部惊悚片（胆小的读者，在此奉劝不要轻易尝试贝克曼反复提及的《驱魔人》）。

最后，还有特殊的感谢，要送给远去天堂的亲友：每当回想起你们那熟悉的声音和曾经暖心的问候，我会记起过往的画面，更相信你们未曾走远。也希望天堂中的你们，能够听到我心中默念的思念与感恩。

湛庐，与思想有关……

如何阅读商业图书

商业图书与其他类型的图书，由于阅读目的和方式的不同，因此有其特定的阅读原则和阅读方法，先从一本书开始尝试，再熟练应用。

阅读原则1 二八原则

对商业图书来说，80%的精华价值可能仅占20%的页码。要根据自己的阅读能力，进行阅读时间的分配。

阅读原则2 集中优势精力原则

在一个特定的时间段内，集中突破20%的精华内容。也可以在一个时间段内，集中攻克一个主题的阅读。

阅读原则3 递进原则

高效率的阅读并不一定要按照页码顺序展开，可以挑选自己感兴趣的部分阅读，再从兴趣点扩展到其他部分。阅读商业图书切忌贪多，从一个小主题开始，先培养自己的阅读能力，了解文字风格、观点阐述以及案例描述的方法，目的在于对方法的掌握，这才是最重要的。

阅读原则4 好为人师原则

在朋友圈中主导、控制话题，引导话题向自己设计的方向去发展，可以让读书收获更加扎实、实用、有效。

阅读方法与阅读习惯的养成

（1）回想。阅读商业图书常常不会一口气读完，第二次拿起书时，至少用15分钟回想上次阅读的内容，不要翻看，实在想不起来再翻看。严格训练自己，一定要回想，坚持50次，会逐渐养成习惯。

（2）做笔记。不要试图让笔记具有很强的逻辑性和系统性，不需要有深刻的见解和思想，只要是文字，就是对大脑的锻炼。在空白处多写多画，随笔、符号、涂色、书签、便签、折页，甚至拆书都可以。

（3）读后感和PPT。坚持写读后感可以大幅度提高阅读能力，做PPT可以提高逻辑分析能力。从写读后感开始，写上5篇以后，再尝试做PPT。连续做上5个PPT，再重复写三次读后感。如此坚持，阅读能力将会大幅度提高。

（4）思想的超越。要养成上述阅读习惯，通常需要6个月的严格训练，至少完成4本书的阅读。你会慢慢发现，自己的思想开始跳脱出来，开始有了超越作者的感觉。比拟作者、超越作者、试图凌驾于作者之上思考问题，是阅读能力提高的必然结果。

好的方法其实很简单，难就难在执行。需要毅力、执著、长期的坚持，从而养成习惯。用心学习，就会得到心的改变、思想的改变。阅读，与思想有关。

[特别感谢：营销及销售行为专家 孙路弘 智慧支持！]

✐ 我们出版的所有图书，封底和前勒口都有"湛庐文化"的标志

并归于两个品牌

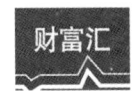 

✐ 找"小红帽"

为了便于读者在浩如烟海的书架陈列中清楚地找到湛庐，我们在每本图书的封面左上角，以及书脊上部47mm处，以红色作为标记——称之为**"小红帽"**。同时，封面左上角标记**"湛庐文化Slogan"**，书脊上标记**"湛庐文化Logo"**，且下方标注图书所属品牌。

湛庐文化主力打造两个品牌：**财富汇**，致力于为商界人士提供国内外优秀的经济管理类图书；**心视界**，旨在通过心理学大师、心灵导师的专业指导为读者提供改善生活和心境的通路。

✐ 阅读的最大成本

读者在选购图书的时候，往往把成本支出的焦点放在书价上，其实不然。

时间才是读者付出的最大阅读成本。

阅读的时间成本=选择花费的时间+阅读花费的时间+误读浪费的时间

湛庐希望成为一个"与思想有关"的组织，成为中国与世界思想交汇的聚集地。通过我们的工作和努力，潜移默化地改变中国人、商业组织的思维方式，与世界先进的理念接轨，帮助国内的企业和经理人，融入世界，这是我们的使命和价值。

我们知道，这项工作就像跑马拉松，是极其漫长和艰苦的。但是我们有决心和毅力去不断推动，在朝着我们目标前进的道路上，所有人都是同行者和推动者。希望更多的专家、学者、读者一起来加入我们的队伍，在当下改变未来。

湛庐文化获奖书目

《大数据时代》
国家图书馆"第九届文津奖"十本获奖图书之一
CCTV "2013中国好书" 25本获奖图书之一
《光明日报》2013年度《光明书榜》入选图书
《第一财经日报》2013年第一财经金融价值榜"推荐财经图书奖"
2013年度和讯华文财经图书大奖
2013亚马逊年度图书排行榜经济管理类图书榜首
《中国企业家》年度好书经管类TOP10
《创业家》"5年来最值得创业者读的10本书"
《商学院》"2013经理人阅读趣味年报·科技和社会发展趋势类最受关注图书"
《中国新闻出版报》2013年度好书20本之一
2013百道网·中国好书榜·财经类TOP100榜首
2013蓝狮子·腾讯文学十大最佳商业图书和最受欢迎的数字阅读出版物
2013京东经管图书年度畅销榜上榜图书，综合排名第一，经济类榜榜首

《牛奶可乐经济学》
国家图书馆"第四届文津奖"十本获奖图书之一
搜狐、《第一财经日报》2008年十本最佳商业图书

《影响力》（经典版）
《商学院》"2013经理人阅读趣味年报·心理学和行为科学类最受关注图书"
2013亚马逊年度图书分类榜心理励志图书第八名
《财富》鼎力推荐的75本商业必读书之一

《人人时代》（原名《未来是湿的》）
CCTV《子午书简》·《中国图书商报》2009年度最值得一读的30本好书之"年度最佳财经图书"
《第一财经周刊》· 蓝狮子读书会·新浪网2009年度十佳商业图书TOP5

《认知盈余》
《商学院》"2013经理人阅读趣味年报·科技和社会发展趋势类最受关注图书"
2011年度和讯华文财经图书大奖

《大而不倒》
《金融时报》· 高盛2010年度最佳商业图书入选作品
美国《外交政策》杂志评选的全球思想家正在阅读的20本书之一
蓝狮子·新浪2010年度十大最佳商业图书，《智囊悦读》2010年度十大最具价值经管图书

《第一大亨》
普利策传记奖，美国国家图书奖
2013中国好书榜·财经类TOP100

《真实的幸福》
《第一财经周刊》2014年度商业图书TOP10
《职场》2010年度最具阅读价值的10本职场书籍

《星际穿越》
2015年全国优秀科普作品三等奖

《翻转课堂的可汗学院》
《中国教师报》2014年度"影响教师的100本书"TOP10
《第一财经周刊》2014年度商业图书TOP10

湛庐文化获奖书目

《爱哭鬼小隼》
国家图书馆"第九届文津奖"十本获奖图书之一
《新京报》2013年度童书
《中国教育报》2013年度教师推荐的10大童书
新阅读研究所"2013年度最佳童书"

《群体性孤独》
国家图书馆"第十届文津奖"十本获奖图书之一
2014"腾讯网•啃书局"TMT十大最佳图书

《用心教养》
国家新闻出版广电总局2014年度"大众喜爱的50种图书"生活与科普类TOP6

《正能量》
《新智囊》2012年经管类十大图书,京东2012好书榜年度新书

《正义之心》
《第一财经周刊》2014年度商业图书TOP10

《神话的力量》
《心理月刊》2011年度最佳图书奖

《当音乐停止之后》
《中欧商业评论》2014年度经管好书榜•经济金融类

《富足》
《哈佛商业评论》2015年最值得读的八本好书
2014"腾讯网•啃书局"TMT十大最佳图书

《稀缺》
《第一财经周刊》2014年度商业图书TOP10
《中欧商业评论》2014年度经管好书榜•企业管理类

《大爆炸式创新》
《中欧商业评论》2014年度经管好书榜•企业管理类

《技术的本质》
2014"腾讯网•啃书局"TMT十大最佳图书

《社交网络改变世界》
新华网、中国出版传媒2013年度中国影响力图书

《孵化Twitter》
2013年11月亚马逊(美国)月度最佳图书
《第一财经周刊》2014年度商业图书TOP10

《谁是谷歌想要的人才?》
《出版商务周报》2013年度风云图书•励志类上榜书籍

《卡普新生儿安抚法》(最快乐的宝宝1•0~1岁)
2013新浪"养育有道"年度论坛养育类图书推荐奖

延伸阅读

《可视化未来：数据透视下的人文大趋势》

◎ 世界顶尖数字人文学家、"谷歌图书"项目首席专家埃雷兹·艾登与让-巴蒂斯特·米歇尔重磅力作。

◎ 中国工程院院士、中国科学院大学计算机与控制学院院长李国杰，当代伟大思想家、世界顶尖语言学家和认知心理学家史蒂芬·平克，数据趋势先驱、著名畅销书《大数据时代》合著者肯尼思·库克耶联袂重磅推荐。

《最简单的图形与最复杂的信息：如何有效建立你的视觉思维》

◎ 作者是数据可视化权威爱德华·塔夫特的学生，拥有耶鲁大学美术硕士学位，处理财金图表经验逾20年。

◎ 麦肯锡公司形象化沟通主管、纽约联邦储备银行执行副总裁、穆迪经济学家网创始人兼首席经济学家、牛津大学赛德商学院长、《华尔街日报》前总编辑等，对于黄慧敏非凡的资料解释能力、视觉呈现能力，都赞不绝口。

《品牌相关性：将对手排除在竞争之外》

◎ 小米联合创始人黎万强，鲁花集团总裁宫旭洲，创业家传媒有限公司创始人牛文文，中欧商学院教授王高，乐视智能终端事业群首席营销官彭钢，一汽-大众奥迪北区市场经理王劲松等多位行业精英联袂推荐！

◎ 沃尔玛、现代汽车、宜家等20多个知名品牌案例，帮助读者更好地洞察品牌相关性竞争面临的挑战和风险。青春期孩子教养的本质。

《剪刀石头布：如何成为超级预测者》

◎ 罗永浩所推崇的超级畅销书《无价》作者威廉·庞德斯通新力作！

◎ 本书从我们日常生活中经常遇到的各种事件入手，提供了大量便于掌握的预测方法，让普通人也能成为超级预测者。